JN087570

環境と持続可能な経済発展

環境と持続可能な経済発展（'24）

装丁デザイン：牧野剛士
本文デザイン：畑中　猛

m-23

まえがき

　本書は持続可能な開発目標を経済学的な観点から解説した。本書は放送大学の学部講義用の教科書として執筆した。そのため，放送教材と合わせて利用することが想定されている。しかしながら，基本的な部分は本書で網羅して解説したため，本書だけを利用して「経済学の観点から考える SDGs」について学ぶことが可能である。

　本書は学部生向けのテキストであるが，SDGs について学びたいと考える社会人に対しても有用である。

　単なる SDGs の逐条解説ではなく，現実問題と SDGs がどのように関わり，それを経済学的にどう解決していくのかについて解説している。その意味で，企業や行政，市民団体において SDGs に関わる事業を担当する人々にもおすすめしたい。

　本書の購読に当たっては，経済学の前提知識は不要であるが，必要に応じて関連テキストなどを参照することを推奨する。また，本書を学んだ後，より深く問題を理解するために経済学を学ぶことを推奨する。

　また，本書の理解を深めるためには，実社会のなかに存在している問題を自ら発見し，本書の内容に照らして検討することが重要である。

　筆者は環境経済学を専門としており，そのなかでも気候変動問題や生態系サービスの問題を主な研究テーマとしている。経済学を活用して環境問題を解決する方法を模索することがその動機である。一方，研究と社会活動としてフェアトレード活動にも関わってきた。

　筆者が研究をはじめた当初の関心はあくまでも環境問題であり，貧困問題にはあまり関心がなかった。しかし，製品の生産段階における環境問題を学ぶうちに，フェアトレードに関心を持つと，環境問題と貧困問題が不可分であることに気付いた。筆者が環境，貧困問題と経済学をど

4

のように統合して考えるべきなのかと模索している時期に，SDGs（持続可能な開発目標）が合意され，環境と貧困が不可分のものという認識が社会に広がった。

　同時期に以前より放送大学で担当してきた「都市と農山村から見る身近な経済」が終わりを迎えることとなったため，新たな講義を作成することを検討しはじめた。そのときに考えたのが，このSDGsを経済学的な観点から解説する講義であった。筆者はこれまで，林敏彦先生による「経済政策」（一コマ担当）を担当した後に，伊藤勝久氏（島根大学名誉教授），新井圭太氏（近畿大学経済学部准教授），坂井素思氏（放送大学名誉教授）と協力して制作した「都市と農村から考える身近な経済」を放送大学で担当してきた。これまでの二つの講義は講義の分担であったが，今回は初めて一人で担当することとした。

　本書執筆に当たっては，鬼頭みなみ氏（福岡工業大学助教）に資料収集のサポートをいただいた。また，近畿大学産業理工学部経営ビジネス学科（福岡キャンパス）の同僚諸氏には執筆の際多くのアドバイスをいただいた。ここに感謝する。この他，放送教材にご参加いただいた方々にもここで感謝する。

　また，執筆が進まずに弱音を吐く筆者をサポートしてくれた家族にも感謝したい。特に息子の啓輔は中学校でSDGsについて探究学習を行っていたこともあり，執筆中の原稿を読み，建設的なアドバイスをしてくれた。

　最後になるが，本書を購読して筆者の研究・社会活動に関心を持たれた方は，筆者のWebサイトやSNSを通じて連絡をいただけると幸いである。

2024年1月

坂田　裕輔

目 次

6

8

図目次

表目次

1 | 持続可能な開発について

《**目標＆ポイント**》　本書のイントロダクションとして，持続可能性，環境問題の定義を行う。持続可能な開発の概念について，環境問題の歴史から振り返って解説する。国際的な環境問題の深刻化により，持続可能性が注目されるようになった。その過程で，貧困解決や教育の充実・ジェンダー平等の実現など幅広い概念を含むようになった。本章はこれらの流れを理解し，解説できるようになることが目的である。
《**キーワード**》　持続可能な開発，公害，環境問題，エコロジカル・フットプリント

1.　環境問題と持続可能な開発

（1）持続可能な開発とは

　持続可能な開発とは，「環境と開発は不可分の関係にあり，開発は環境や資源という土台の上に成り立つものであって，持続的な発展のためには，環境の保全が必要不可欠であるとする考え方を示すもの」である（一般財団法人環境イノベーション情報機構（EIC）ネット，環境用語集「持続可能な開発」）。国連の「環境と開発に関する世界委員会」は「将来の世代のニーズを満たす能力を損なうことなく，今日の世代のニーズを満たすような開発」と定義した（環境と開発に関する世界委員会，1987）。本書では後者の定義を採用する。

　環境と開発に関する世界委員会の定義からは，次のことがわかる。

1.　開発とはニーズを満たすためのものであること
2.　将来の世代のニーズは現在の世代が満たすものではないこと
3.　現在のニーズと，将来の世代の「ニーズを満たす能力」をバランスすることが求められていること

　つまり，現在の世代は自分たちのニーズを満たすために開発を行うが，ニーズを超えた開発は抑制されるべきである。また，いかに現世代にニーズがあっても「将来の世代のニーズを満たす能力」を大きく損なうようなレベルの開発であれば，やはりそれは抑制すべきである。

　現世代は，将来の世代のニーズを満たすために，先取りして開発を進めるのではなく，「そのニーズを満たすべきか」という問いも含めて開発の意思決定を将来世代に委ねなければならない。子のために，「土地を整備して家を建てておく」のではなく，「土地を現状のまま残して」おく。これによって，子が土地を開発して家を建てるか，自然環境を維持することにするか，意思決定を行える。

　持続可能な開発概念からは，現在と将来の何をバランスすべきかは示されているが，具体的にバランスをどう取るかは示されていない。それは時代によって，国際情勢，技術水準などによって変わりうる。それゆえ，各時代において，それぞれが考えなければばらない。

　なお，「持続可能な発展」も使われることがあるが，本書に限っては，持続可能な開発と同義語とする。開発も発展も，Development の訳語である。つまり「持続可能な発展」も「持続可能な開発」も Sustainable Development の略語であり，もとは同じ言葉である。多くの場合は両者の違いをあまり意識せずに使用している。ただし，意識的に使い分けている場合もあるため，その場合は，話者の意思を尊重して，違いを意識するようにしたい。

（2）環境問題

　本書では「環境」は「人類を取り巻く世界全体のうち，人類の活動と
関わりを持つ範囲」と定義する。語義的には「環境」はこの世界全体を
意味しており，人類の関与は関係がない。しかしながら，人類が関与で
きない範囲のことは，人類が制御できない問題でもある。そのため，本
書では人類を中心に問題を捉えた定義を採用する。

　次に，環境問題を広く定義すると，「人類が環境に影響を与えること
で，人類や生態系に悪影響がもたらされること」である。生態系への影
響は特にわかりにくいため，この定義の「悪影響」という用語は曖昧な
部分を残している。しかし，環境問題自体に未解明な部分が残っている
現在では，これ以上明確に定義することは難しい。なおこの定義は本章
で定義する公害と環境問題，さらには地球環境問題をも含んだ広い定義
である。

　環境問題には，大気汚染や水質汚濁，気候変動問題などさまざまな類
型がある。近年は大気汚染に関連した PM2.5 の問題や，環境中に広が
るマイクロプラスチック問題など，新たに環境問題として認識されるよ
うになった問題がある。

（3）持続可能な開発と環境問題

　持続可能な開発の定義などから見てわかるように，持続可能な開発は
当初から環境の保全を前提と考えてきた。

　環境が崩壊してしまえば，人類は暮らすことはできない。環境・資源
を適切に管理することが人間社会を存続させる大前提だ。そしてそれを
概念として定義したものが持続可能な開発である。

　生物種の絶滅スピードや気候変動の予測等を考えると現在の開発ス
ピードは過剰であると言われている。人類の活動によって，環境の持続

可能性が脅かされている。

　開発を現在の水準あるいは現在の水準以下に留めるべきなのだろうか。先進国の人々の大半は衣食住に困らない生活を手に入れている。先進国内での貧困の問題もあるが，それは分配の問題と考えられている。その意味で，先進国にとって少なくとも世界の未来を破壊してまで発展（開発）する必要はない。

　一方，人類全体の置かれた状況を見るに，人間活動の水準は現状のまま維持することが望ましい状態であるとは言えない。世界には，生命を支えることすら困難なレベルの所得で暮らす人々が 6 人に 1 人いるし，人口の約半分が 1 日 2 ドル相当以下の収入で暮らしている。また，地表の 30％を覆う森林は，毎年，1,300 万ヘクタールが失われている（国際連合広報局，2016）。気候変動によって，地球の平均気温が 1.5 度以上上昇する可能性もかなり高くなっており，それに伴い，災害リスクも高まっている（気候変動に関する政府間パネル：IPCC，2022）。

　経済発展は必要であるが，世界が持続可能であることは重要である。この両者を結びつける概念が持続可能な開発概念である。持続可能性概念は，人類の生存にかかる環境の維持とすべての人類を幸福にするための開発とのバランスをどのように取るべきなのかを考える一つの基準として機能している。

　近年注目されている持続可能な開発目標（SDGs）においてもこの点は同様であるが，SDGs では貧困も重視されているために，持続可能な開発と環境問題の関連がわかりにくくなっている。

　次節では，まず，経済発展によって環境への悪影響が引き起こされてきた歴史について簡単に概観しておく。

2. 公害の時代

（1）文明の発展による環境負荷の増加

　文明が発展すると同時に公害・環境問題は発生してきている。例え
ば，古代文明が栄えた中国やエジプト，メソポタミア地域はかつて豊か
な森林で覆われていたという。それらの森林は建築資材や燃料，土地利
用などの都合で伐採され，開発されてきた。その結果，これらの地域の
気候は人々が住むには困難な状況となり，長らく繁栄から遠ざかること
となった。この他にも，古代ローマは都市の過密の問題に悩まされてお
り，下水による飲料水の汚染は深刻な問題であった。ローマに現在も残
る水道施設は，その問題を解決するための手段であった。つまり，都市
は環境問題とともにあった。

　これら，文明の発達による開発がもたらす環境問題と都市の人口過密
における環境汚染の問題は，人間の環境への影響力が自然の生態系の再
生能力を超えることにより生じる。そしてこの構図は現在の環境問題に
おいても変わっていない。

　過去の文明の崩壊に対して環境問題が影響を与えることもある。ダイ
アモンド（2012）は，文明の崩壊の主要因に，環境被害，気候変動，近
隣の敵対集団，友好的な取引相手，環境問題への社会の対応をあげた。
このうち，気候変動は現在問題視されている人為的な気候変動問題とは
異なり，自然の気候変動を意味している。

　自然の気候変動が人類に影響を与えた例をダイアモンド（2012）は次
のように紹介している。

　　自然気候変動の例として，二百万年以上前に始まった更新世の大陸
　　氷河の移動，一四〇〇年から一八〇〇年ぐらいまでの小氷河時代，

一八一五年四月五日に発生したインドネシアのタンボラ山大噴火に続く地球寒冷化が挙げられる。この大噴火によって，大気の上層部に大量の塵が飛散し，それが収まるまでのあいだ，地表に届く太陽光線の量が減ったため，異常低温や一八一六年（〝夏のない年〟と言われた）の凶作が発生して，北米大陸やヨーロッパにまで飢饉が広がった（ダイアモンド，2012）。

　このような環境被害や環境問題にどう対応するかは，その社会の持つ政治体制や社会が置かれた自然環境によってさまざまである。例えば，古代・中世の日本は環境破壊への対応に成功したのに対して，イースター島の文明は環境破壊をうまく管理できずに崩壊した（ダイアモンド，2012）。

　つまり，開発が環境問題を必ず引き起こすわけではないし，環境問題が起こっても人類が対応できる場合もある。文明が発展するにつれて，自然が開発され環境負荷が高まるのは事実である。けれども，自然が開発されても環境問題はすぐには起きない。自然は一定水準までは破壊されても，時間とともに回復していくからである。しかし，開発が一定水準を超えると，自然は回復できないし，人類の生活に影響も現れる。

　図 1-1 は，人類の文明とエネルギー消費の関係を図示したものである。1950 年代に原油利用が拡大したことを契機に人類のエネルギー消費量が急増している。

　文明の発展と環境汚染の関係について，発展が一定水準に達すると，発展につれて汚染も増加するという関係は崩れるという考えがある。発展につれて，汚染が減少するのは，次の二つの変化が起こるためである。まず，人類がある程度発展すると，人はよりよい環境を求めるようになるため，環境対策を実践しはじめる。次に，対策を進めるなかで，より環

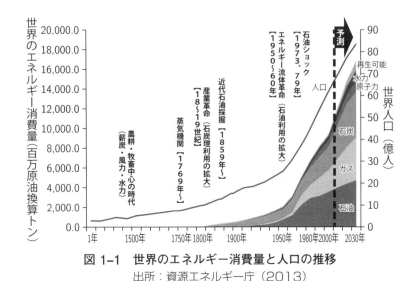

図 1–1　世界のエネルギー消費量と人口の推移
出所：資源エネルギー庁（2013）

境負荷の少ない技術の開発など技術革新が起こる（World Bank, 1992）。このような関係を，横軸に時間をとり，縦軸に国内総生産（GDP）と環境負荷をプロットすると，逆 U 字型の曲線を描く（図 1–2）。

　Panayotou（1995）は，この関係が一人当たり GDP と森林破壊の関係について成り立つことを証明し，経済と環境汚染がつくる逆 U 字曲線を環境クズネッツ曲線と名付けた。

　環境クズネッツ仮説は，ある国のある特定の物質・汚染に対象を絞ると当てはまりやすいと言われている。しかし，松岡他（1998）らの研究では環境クズネッツ曲線が観察できるのは，硫黄酸化物のみであり，環境クズネッツ曲線が，一般的に当てはまるとは言えないとされている。

　また，その後の現実世界の推移を見ると，例えば二酸化炭素排出量は一人当たり排出量が顕著に減少しているとは言えない。実際に減少するためにはかなりの技術革新が求められるだろう。その意味で，環境クズ

第 1 章　持続可能な開発について　│　**19**

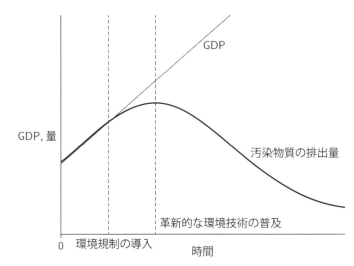

図 1-2　環境クズネッツ曲線
出所：Panayotou（1995）をもとに筆者作成

ネッツ仮説は人類がその環境汚染が相当深刻なものであると認識した場
合にのみ当てはまると言えるのかもしれない。

（2）公害の時代の発生と対策

　日本で公害の被害が広く認識されるようになったのは，江戸時代末期
の産業革命期以降である。当時は，庶民の健康よりも経済発展が優先さ
れて，被害の救済等もほとんど行われなかったようである。この頃，足
尾銅山をはじめとする各地の鉱山からの排水・ばい煙により多くの公害
が発生した。足尾銅山，別子銅山，日立鉱山，小坂鉱山の４つの鉱山に
ついては，この時期の鉱山による公害（鉱害）を代表して「四大鉱害」
と呼ばれる。その後は，技術の発展などにより資源の採掘現場以外の場
所でも公害が起こるようになる。特に，近代技術を利用した工場での被

害が見られるようになる。

　これら近代技術を利用した工場による汚染が社会の注目を集めるのは、1950 年～1960 年代にかけて明らかになった四大公害の発生による。

　四大公害の収束に向けた議論のなかで、さまざまな救済制度や公害防止制度が制定された。なかでも、1967 年に制定された公害対策基本法は公害対策に関する国の姿勢を規定した重要な法律である。同法では、典型七公害と呼ばれる公害の類型が規定された。典型七公害は次の 7 つである。

1. 大気汚染
2. 水質汚濁
3. 土壌汚染
4. 騒音
5. 振動
6. 地盤沈下
7. 悪臭

　同法を受けて、1970 年の公害国会で各種の公害対策のための具体的な法律の制定が行われた。もちろん、1970 年以降も公害がなくなったわけではない。1990 年代半ばに大きな注目を集めた豊島の産業廃棄物問題をはじめとする産業廃棄物の不法投棄の問題は現代の公害の典型的な例である。

　しかし、公害国会を契機として、日本の環境対策が大きな転機を迎えたことは事実である。日本はそれまでの公害対策の時代から環境対策の時代に移行した。(表 1–1、表 1–2)

表 1-1　公害と環境問題の歴史

年代	公害	備考・特徴
明治	四大鉱害	足尾銅山などが有名。経済発展が優先され，被害救済は少ない
戦後	四大公害	国民的関心を集め，公害国会へとつながる
高度経済成長期	典型七公害	高度経済成長とともにさまざまな公害が認識されはじめる
1970 年代	公害から環境問題	汚染源が限定的でない問題が深刻化する
1980 年代	地球環境問題	被害が広範囲で発生源が限定的でない問題が認識される
1980 年代	オゾン層破壊	特定の物質の使用を国際的に禁止する合意がなされる
1990 年代	気候変動問題	加盟国に強制力ある国際合意の創出につながる
2000 年代	MDGs から SDGs へ	環境問題と貧困がリンクして考えられるようになる
2010 年代以降	SDGs	環境問題と貧困が人類の存続のための課題として捉えられるようになる

出所：筆者作成

3.　環境問題の時代

　1-(2)で環境問題を広く定義したが，公害と区別するために，問題を限定して定義しておく。公害とは「人間活動が引き起こした人間生活への悪影響のうち，原因物質の発生源が特定でき，被害も局地的である」と定義できる。これに対して，環境問題とは「人間活動が引き起こした人間生活への悪影響のうち，発生源が広範囲にわたるものの被害は局地

表 1-2　主な法律・条約

年	範囲	名称
1967	日本	公害対策基本法制定
1970	日本	公害国会招集
1979	日本	省エネルギー法制定
1992	国際	リオ会議開催
1993	日本	環境基本法制定
1997	国際	気候変動枠組条約の京都議定書採択
2000	日本	循環型社会形成推進基本法制定
2015	国際	気候変動問題におけるパリ協定採択
2015	国際	持続可能な開発目標採択

出所：筆者作成

的・限定的である」と定義する。環境問題は，個々の発生源が出す汚染量は小さいものの，発生源の数が多いことと広範囲に広がっている点が，発生源が特定の工場や行動に限定されていた公害とは本質的に異なる。

　日本の公害問題と環境問題は，1970年に公害国会が招集され，さまざまな法律が制定されたことにより，改善へと向かった。

　ここでは，環境問題の例として，大気汚染を取り上げて，その推移を紹介しよう。図1-3は1970年以降の大気汚染物質の濃度（二酸化窒素濃度）を示したものである。大気汚染物質はさまざまなものがあるが，ここでは一例として二酸化窒素を取り上げた。二酸化窒素などの大気汚染物質は工場や自動車の排気ガスから発生するが，大気汚染防止法などによって規制されたことに伴い，大気中の濃度が大幅に減少した。

　図からは大気中の二酸化窒素濃度は1970年から1980年の間で大幅に減少していることがわかる。この間に減少したのは二酸化窒素だけではなく，その他の環境項目でも同様の傾向が見られる。各物質の具体的な推移については，データが公開されているので各自確かめていただき

図 1-3　大気汚染の推移
出所：環境省（2023）

たい。

　他の問題も紹介しておこう。1970 年代には 2 度のオイルショックが
起こった。オイルショックを契機として日本社会に「資源がなくなるか
もしれない」という認識が広がり，省エネ・省資源意識が定着した。同
時期には東京ごみ戦争をはじめとして，ごみ焼却場から発生する諸問題
も注目された。エネルギーの過剰消費による資源枯渇も各家庭からのご
み問題も，発生源が多数（各家庭）であり，被害が局所的（資源枯渇，
ごみ処理場）である点で環境問題に分類できる。

4．環境問題から地球環境問題へ

　1970 年代以降，汚染物質との関連では，公害対策から環境対策に移行
したわけであるが，1990 年代に入ると新たな問題が発生してきた。そ
れが，地球環境問題である。

　従来からの公害と環境問題に対して，地球環境問題は，「環境問題と比べて，発生源がさらに広範囲になる，または被害が広範囲に及ぶ，あるいはその両方の特性を備えた環境問題」である。少々相対的な定義ではあるが，地球環境問題とは，環境問題が範囲・質の観点で拡大したものと考えてよい。

　地球環境問題には砂漠化やオゾン層の破壊，気候変動問題などが含まれる。なお，公害・環境問題・地球環境問題のいずれも人為的な影響によるものである。そのため，地球の年間気温の変化による影響や超長期にわたる気候変化は含まれない。もちろん，地震や火山噴火とその影響も含まない。ただし，人間活動が引き起こした気候変動によって，高潮の規模が大きくなり，被害が発生するような事象は地球環境問題に含まれる。

　地球環境問題については，本書では第 14 章「生物多様性と生態系サービス」や第 15 章「気候変動」で取り扱う。

5.　環境問題の深刻さ

　図 1–4 は，旭硝子財団が毎年発表している環境危機時計である（旭硝子財団，2023）。2021 年時点で環境危機時計は 9 時 42 分を指している。この時計は旭硝子財団が環境の専門家にアンケート調査を実施し，集計している。主観的ではあるが，地球環境が今どのような状況にあると環境に関わる専門家が感じているのかを把握できる。

　現在の人類が地球に与えている環境負荷に関する定量的な情報を知りたければ，世界自然保護基金（WWF）が定期的に報告している『生きている地球レポート』（WWF ジャパン，2022）が参考になる。

　同レポートによれば，「生物多様性の傾向を測る指標「生きている地球指数（LPI）」は，地球全体で，1970 年から 2018 年の間に，哺乳類，鳥

最新の環境危機時計®

図 1-4　環境危機時計（2021 年）
出所：公益財団法人 旭硝子財団（2023）

類，両生類，爬虫類，魚類の個体群が平均 69％低下」した（WWF ジャパン，2022, p.14）。

　このような減少には人類の活動が大きな影響を与えている。人類の活動が地球の資源をどの程度消費しているのかについては，エコロジカル・フットプリントが参考になる。エコロジカル・フットプリントは，人がある都市に住むと仮定して，「この都市に住む人々の日々のさまざまな社会・経済活動を維持するために，生態系の面積がどれだけ必要か」を評価する。なお，「生態系の重要な要素である土地は，資源を生産し，廃棄物を吸収浄化し，さまざまな目に見えない生命維持機能を行うために不可欠である」としている（ワケナゲル他，2004, p.37）。

　2022 年のエコロジカル・フットプリントの現状について『生きている地球レポート』では次のように指摘している。

エコロジカル・フットプリントを測定すると，人間が地球の資源を少なくとも75％も過剰に使用していることがわかる。つまり，1.75個の地球資源で生活していることになる。この過剰な使用によって地球の健全性が損なわれ，人間の未来も脅かされている（WWFジャパン，2022, p.68）。

　エコロジカル・フットプリントが1を超えている場合，人類は地球が過去に蓄積した資源，つまり「貯蓄」を取り崩して生活する必要がある。環境汚染の面では，排出された汚染を分解しきれずに地球に蓄積される。近年自然界で分解されるというバイオプラスチックが開発され使用されるようになっている。バイオプラスチックも過剰に排出されれば，

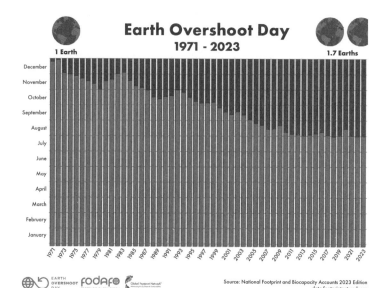

図 1-5　アースオーバーシュートデーの推移
出所：Global Footprint Network（2023）

排出量が分解される量を超え，蓄積され続ける恐れがある。

　エコロジカル・フットプリントは近年 1 を超える状況が続いている。人類の活動が地球一個分を超えるようになったのは，1977 年以降である。それ以降，人類の活動は拡大を続けている。

　一年間のうち，エコロジカル・フットプリントが 1 を超えるのはいつ頃か，という観点で問題を考えることもできる。この指標はアースオーバーシュートデーと呼ばれる。国際環境シンクタンクの「グローバル・フットプリント・ネットワーク」は，資源を毎年 1 月 1 日から消費しはじめるとして，一年間に地球が生産するはずの資源をいつ頃使い切るかを毎年公表している。地球全体のアースオーバーシュートデーは年々早

図 1-6　国別のオーバーシュートデー
出所：Global Footprint Network（2023）

くなっており，2023 年には 8 月 2 日である。

　国別に見ると，アメリカ合衆国は 3 月 13 日，日本は 5 月 6 日である。この指標はもし世界人類全体が，該当する国と同じ水準の生活をした場合に地球の資源を使い切る日付である。図には 1 年以内に資源を使い切る国だけが掲載されているが，もちろん，1 年以内に資源を使い切らない水準で生活をしている国々も数多くある（図 1–6）。

本章の参考文献

IPCC（2022）『気候変動に関する政府間パネル（IPCC）第 6 次評価報告書（AR6）』環境省訳，http://www.env.go.jp/earth/ipcc/6th/index.html

Global Footprint Network（2023）*National Footprint and Biocapacity Accounts 2022 Edition*

T. Panayotou（1995）Environmental Degradation at Different Stages of Economic Development, *Beyond Rio*, Edited by Iftikhar Ahmed and Jacobus A. Doeleman, Palgrave Macmillan UK, pp.13–36

World Bank（1992）*World Development Report 1992: Development and the Environment*

WWF ジャパン（2022）『生きている地球レポート 2022』https://www.wwf.or.jp/activities/data/20221013lpr_02.pdf

ジャレド・ダイアモンド（2012）『文明崩壊上：滅亡と存続の命運を分けるもの』楡井浩訳，草思社

マティース・ワケナゲル，ウィリアム・リース，池田真里，和田 喜彦（2004）『エコロジカル・フットプリント　地球環境持続のための実践プランニング・ツール』合同出版

一般財団法人 環境イノベーション情報機構（2023）「環境用語集」『持続可能な開発』https://www.eic.or.jp/ecoterm/?act=view&serial=1124

国際連合広報局（2016）『我々の世界を変革する：持続可能な開発のため

の 2030 アジェンダ』（外務省仮訳）https://www.unic.or.jp/activities/eco-nomic_social_development/sustainable_development/2030agenda/
公益財団法人 旭硝子財団（2023）「環境危機時計」
https://www.af-info.or.jp/edclock/
松岡俊二，松本礼史，河内幾帆（1998）「途上国の経済成長と環境問題—環境クズ
ネッツ曲線は成立するか—」『環境科学会誌 11 (4)』，pp.349–362.
環境と開発に関する世界委員会（1987）『地球の未来を守るために』福武書店
環境省（2023）「大気汚染状況」https://www.env.go.jp/air/osen/index.html
資源エネルギー庁（2013）「平成 24 年度エネルギーに関する年次報告」『エネルギー
白書 2013』https://www.enecho.meti.go.jp/about/whitepaper/2013html/

学習課題

1. 持続可能な開発の定義を確認して，「持続可能でない活動」を 3 つ
あげよ。
2. エコロジカル・フットプリントが 1 を超えると人類の活動は持続
可能ではない水準であるが，なぜそう言えるのか説明せよ。
3. 公害問題が環境問題と呼ばれるようになった理由を説明せよ。

2 | 地球の限界と閾値

《**目標＆ポイント**》　環境汚染は一定水準に到達しなければ，環境負荷として
顕在化しない。過去，公害・環境問題の危険性を指摘する人や団体があった
が，実際に人類の大半が認識するほどの環境負荷は顕在化していない。一方
で，これらの環境負荷を定量化し，危険水準に到達している可能性があること
を指摘する研究が現れてきている。こうした研究のもとで，貧困削減を中心に
意識した国連のミレニアム開発目標（MDGs），持続可能な開発目標（SDGs）
が設定され取り組まれている。
《**キーワード**》　ローマ・クラブ，閾値，プラネタリー・バウンダリー，MDGs，
SDGs

1.　プラネタリー・バウンダリーと閾値

　地球が一つである以上，無限の成長はできない。その成長に対する制
約として人類に突きつけられた3つの命題（＝トリレンマ）が環境・資
源・経済である。トリレンマは一般的には，3つの命題のうち2つしか
選択できない状況を表す。経済成長におけるトリレンマの場合は，環境
保護と資源の枯渇防止，経済成長を同時に達成することができないこと
を意味し，必ずしもこのうちの二つを取ることができるわけではない。
　特にこのうち，環境の限界については，1962年に相次いで出版され
た，レイチェル・カーソンの『沈黙の春（Silent Spring）』（邦訳版・1974）
とローマ・クラブの報告書『成長の限界（Limits to Growth）』（メドウ
ズ，邦訳版・1972）をはじめとして，さまざまな調査・研究が報告され

ている。

　これらのうち，ローマ・クラブの『成長の限界 人類の選択』（メドウ
ズ，ランダース，2005）では，環境の破壊が人類社会に与える影響は比
例的ではなく，ある時点を超えると急激に影響が現れるというティッピ
ングポイント，あるいは閾値があることを指摘した。

　1960 年代にレイチェル・カーソンやローマ・クラブが警鐘をいくら
鳴らしても，先進国に暮らす大半の人々の生活に具体的な影響は現れて
いなかった。確かに一部で公害や環境問題は発生しているもののそれは
一時的なもので，技術の発展とともに解消されると考えられていた。ま
た，被害が汚染と比例的に現れていると想定すると，その当時発生して
いた被害が数倍・数十倍になってもそれほど大きな問題にはならないと
楽観視されていたのかもしれない。

　環境負荷が一定水準を超えるまでは，目に見える環境問題が現れない
ことが近年認識されてきた。専門家はこの現象を「閾値」という概念で
説明する。地球環境はある程度の環境負荷であればそれを吸収する。そ
のため，負荷が 10 ポイント増加すれば，環境が 10 ポイント悪化するよ
うな比例的な関係ではない。

　図 2-1 は，ある環境において環境汚染と顕在化する環境負荷を示して
いる。環境汚染が増加する（横軸）と環境負荷（縦軸）が顕在化する。
原点から右に行くほど汚染量が増加する。ただし，破線は汚染量と環境
負荷が比例的な関係であるのに対して，実線では汚染量に対して環境負
荷は 2 次関数的に増加する。汚染量が少ないうちは，比例的に増加する
実線の方が環境負荷が多いけれど，汚染がある一定水準を超えると，実
線の方は，汚染量に対して顕在化する環境負荷が急増し，すぐに破線を
超える。この急上昇する点が「閾値」である。汚染が閾値を超えない段
階では，環境負荷はあまり顕在化していないため，人々は楽観的になり

がちである。しかし，汚染が閾値を超えたあとの環境負荷を見て対応を
考えたのでは遅い。

　現実にも，多くの分野で汚染量が閾値に近づいている，あるいは超過
していると言われている。

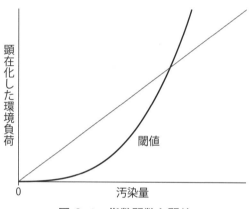

図 2-1　指数関数と閾値
出所：筆者作成

　カーソンやローマ・クラブ以降も，人類は資源の貯蓄を食いつぶし，
環境負荷を蓄積しながら活動している。一部で環境問題が起こってはい
るものの，人類全体が行動を変えるほどの深刻な環境問題はまだ発生し
ていない。

　やはり，地球はまだ環境汚染の閾値に到達していないのだろうか。あ
るいは，閾値を知ることはできないのだろうか。

　環境汚染の閾値を 11 の指標について定量化して示したのが，プラネ
タリー・バウンダリー（地球の限界）である。プラネタリー・バウンダ
リーは，「安定した状態の地球で人類が安全に活動できる範囲」である
（ロックストロム，クルム，2018, 第 2 章）。同概念は，ロックストロム氏

を中心に 20 名の研究者が取りまとめ，『ネイチャー（Nature)』の 2009年 9 月号に発表した概念である。この論文では，「全地球的気候や成層圏オゾン，生物多様性，海洋酸性化などの重要な自然システムに関する「プラネタリー・バウンダリー（地球の限界)」の継続的な監視」が提案された（武内，石井，2018, p.2)。

エコロジカル・フットプリントは人類の活動が現在どの程度地球の資源を消費しているのかを定量的に示すものであった。プラネタリー・バウンダリーは，環境負荷の結果，地球環境がどのような状況にあるのかを定量的に示す指標である。

科学的な不確実性が存在し，地球の閾値を正確に推測できない場合も，プラネタリー・バウンダリーは想定している。こうした場合，人類は，「利用可能な最善の知識に基づいて行動する必要」があり，「地球システムの壊滅的転換を引き起こすリスクを回避する最適な方法を，可能な限り科学的に提示する」ことをプラネタリー・バウンダリーは目的としている（武内，石井，2018, p.64)。

2.　持続可能性はなぜ必要なのか

環境問題はある時点で，地球環境が人間の影響を吸収しきれなくなり，生態系システム全体の崩壊を引き起こす可能性がある。それを避けるために，人類は資源の消費を地球が一年間で生産できる水準に抑える必要がある。同時に，地球に汚染をため込む行為もやめなければならない。

では，そもそも地球環境を持続可能にする必要はあるのだろうか。「環境をなぜ守るのか」という問いに対しては，環境倫理学等さまざまな分野で議論がなされてきた。本書では，この点について詳しく触れることはできないため，「世代間の公平」の観点からの重要性についてだけ紹介する。

　世代間の公平とは，「自分たちの世代が先の世代から受け継いださま
ざまな資源，資産を自分たちの世代で使い尽くすのではなく，後世代に
残していくこと」である。世代から世代に移行するにあたって，各世代
が前の世代から受け継いだ資源を少なくとも減らさずに伝えるならば，
環境は将来に渡って保全される。

　人口の増加と技術の発展により，人類は，自然環境を回復不可能なま
でに変更することも可能になった。破壊した自然を元に戻すことは非常
に困難であるから，世代間の公平では，自然を開発するかどうかという
選択肢を残すことが重視される。

　例えば，ある場所にある森は木材と洪水防止と近隣の人々のレクリ
エーションの場を提供してくれる。仮にこれを，なんらかの生産工場と
ダムと公園で置き換えたとする。おそらくそれは森と同じだけの満足度
をもたらさないだろう。さらに，一度壊した森を再生するためには膨大
な時間と費用がかかる。もちろん，そうして再生した森が以前と同じ生
態系を持つという保証はない。

　繰り返しになるが，世代間の公平で想定している「公平性」概念は一
般には「チャンス」の公平を意味すると考えられる。すなわち，目の前
にある森や谷，海岸を開発するのかどうかという意思決定をする「選択
肢」を，我々の世代が開発することによって奪うのではなく，開発をし
ないまま残すことによって後世代に残す。原油をはじめとする枯渇性の
化石燃料を使い尽くしてしまうのではなく，現世代でエネルギーを節約
することはもちろん，さまざまな技術開発を行い，次世代のエネルギー
源として，さまざまな選択肢を残す必要がある（坂田，2009）。

3.　ドーナツ経済

　世界を持続させるために，制約が必要な一方で，成長が必要な人も多

くいる。例えば，極度の貧困状態と言われる一日 1 ドル 25 セント未満
で暮らす人（2015 年基準）の割合は 2015 年当時，5 人に一人であった。

　人類には成長・発展が必要であるものの，地球の限界から一定の上
限が存在する。先述したようにロックストロムはこの上限をプラネタ
リー・バウンダリーと表現した。一方で，経済活動を極限まで縮小すれ
ばよいのかというと，それは違う。現在でも貧困に苦しむ人がいるよう
に，経済活動を縮小しすぎれば人類の生存が危うくなる水準がある。つ
まり，人類は一定以上の経済活動を維持する必要があるが，地球の上限
を超えないようにしなければならない。

　ラワース（2021）は，これをドーナツ経済と表現している。われわれ
は，ドーナツの可食部分の内側にも外側にも落ちないように，人類社会
の舵取りを求められている。ドーナツの外側に出れば，地球自体が持続
可能でなくなるし，内側に落ちれば，人類の多くが生活を維持できない。

4.　持続可能な開発概念

　1972 年，スウェーデンのストックホルムで，国連の人間環境会議が
開催された。同会議は，世界各地で発生する環境汚染の問題に焦点を当
てた会議であった。会議においては，ストックホルム行動計画とストッ
クホルム人間環境宣言（いわゆる人間環境宣言）が採択された。特に人
間環境宣言では，環境に関する権利と義務等を含む，人間環境の保全と
向上のための原則を宣言している（国際連合，1972）。

　同会議において，国連において環境問題に関連したプログラムを推進
するための機関である国連環境計画が創立された。その後，1982 年，同
計画の会合において「環境と開発に関する世界委員会（WCED: World
Commission on Environment and Development）」の設立が提唱され，
1983 年に国連総会において同委員会を設立した（竹本，2020, p.175）。

WCED は 1983 年から活動を開始し，1987 年に「われら共有の未来（Our Common Future）」（環境と開発に関する世界委員会，邦訳版・1987）を発表した。同報告書は，「貧困からくる環境酷使と，富裕に溺れる資源やエネルギーの過剰消費」（第一章）への反省を述べたあと，第二章で，『環境・資源基盤を保全しつつ開発を進める「持続可能な開発」』への移行を提唱した。

1992 年，国際連合はブラジルのリオデジャネイロで「環境と開発に関する国際連合会議」を開催した。この会議は「地球サミット」と呼ばれ，環境問題の歴史の大きな転機となった。会議には世界の国や地域の代表に加えて約 3 万人の企業・市民が集まった。この会議において企業や市民は国連のパートナーとして受け入れられた。これまでは国連は政府の代表が集まって議論を進め，市民はそれに反対する存在であると捉えられがちであったが，地球サミットではこの構図が変わった。

リオ会議では，環境と開発に関するリオ宣言（リオ宣言）と宣言の内容を確実に実行するための「地球環境保全のための行動計画（アジェンダ 21）」「気候変動枠組条約」「生物多様性条約」への署名と「森林原則声明」の採択も行われた。このうちリオ宣言は 27 の原則からなる（国際連合，1992）。

リオ宣言では，第 1 原則で「人類は，持続可能な開発への関心の中心にある。人類は，自然と調和しつつ健康で生産的な生活を送る資格を有する。」と持続可能な開発を人類社会の中に位置づけている。

次の，第 3 原則は世代間の公平の原則として知られている。

　開発の権利は，現在及び将来の世代の開発及び環境上の必要性を公平に充たすことができるよう行使されなければならない。

世代間の公平の原則の存在により，持続可能な開発が世代を超える長

い期間を想定して行う必要があることが明らかになっている。

第 15 原則は予防原則として知られている。

> 環境を保護するため，予防的方策は，各国により，その能力に応じ
> て広く適用されなければならない。深刻な，あるいは不可逆的な被
> 害のおそれがある場合には，完全な科学的確実性の欠如が，環境悪
> 化を防止するための費用対効果の大きい対策を延期する理由として
> 使われてはならない。

このリオ宣言以後，持続可能な開発概念は気候変動枠組条約など国連
に関するさまざまな条約・取り組みに採用された。持続可能な開発目標
（SDGs）もその一つである。

5.　MDGs

国連は，2000 年 9 月に国連ミレニアム・サミットを開催し，国連ミ
レニアム宣言を採択した。この宣言をもとに策定された目標がミレニア
ム開発目標（MDGs）である。MDGs は貧困解決，環境保全，ジェン
ダー平等など 8 つの目標（ゴール）を掲げた。MDGs を達成するために
21 のターゲットと 60 の指標が設定された。目標のもとにターゲットが
あり，それらを評価するために指標が設定されるという関係は後述する
SDGs でも踏襲されている。

MDGs の成果と課題については，外務省が 2016 年にレポートをま
とめている（外務省，2016）。MDGs は世界的にはおおむね目標を達成
した。例えば，飢餓に苦しむ人口が世界人口に占める割合は 1992 年の
23.3％から 12.9％に減少した。

しかしながら，課題の解決には地域差がある。例えば，極度の貧困に
苦しむ人の割合を 1990 年の半分にするという目標を見てみよう。世界

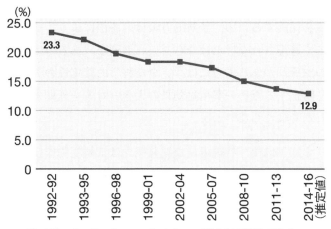

●飢餓に苦しむ人口の割合

The Millennium Development Goals Report 2015 より抜粋して作成

図 2-2　飢餓に苦しむ人口の割合
出所：外務省（2016, p.7）

全体では 2015 年目標値を大幅に超過して目標を達成している。地域別にも中国・南アジアなどでは目標が達成されている。しかし，サブサハラ・アフリカでは 57％から 41％と，16 ポイントの改善にとどまり，目標を達成できなかった。

　この傾向は他の指標でも同様で MDGs においては中国を代表とするアジアの改善が顕著であるのに対して，アフリカの改善は遅れている。

6.　SDGs

　2015 年を目標年としていた MDGs は，おおむね目標を達成した。しかし，達成できていない問題の重要性が低くなったわけではない。2015年以降も，引き続き課題に取り組む仕組みが求められた。

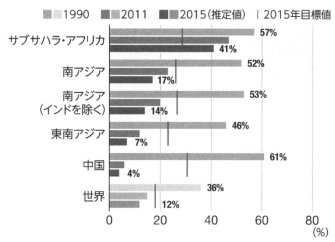

● **極度の貧困に苦しむ人の割合**

The Millennium Development Goals Report 2015 より抜粋して作成

図 2-3　極度の貧困に苦しむ人の割合を減らす目標の達成度（地域別）
出所：外務省（2016, p.7）

　MDGs の後継目標が模索されるなかで，近年は，『一部の開発途上国
（新興国）が急速に発展を遂げ，「先進国と開発途上国」という旧来の二
分法が実態を反映しなくなっています』（外務省，2016, p.9）と言われ
るように，途上国だけに着目した目標が設定しにくくなっている。同時
に，貧困や教育，環境問題は先進国でも重要な課題となっており，途上
国だけの問題ではなくなっている。

　2012 年にブラジルのリオデジャネイロで国連持続可能な開発会議が
開催された。この会議は 1992 年に同じ場所で開催されたいわゆる地球
サミットの 20 年後という意味で，リオ+20 と呼ばれた。この会議で重
要な検討課題とされたのが，持続可能な開発に関する制度的な枠組みを

作ることであった。そして，リオ＋20 の合意文書のなかで，持続可能な開発目標を定めることが明記された。

　リオ＋20 の成果物（"The Future We Want"，わたしたちが望む未来）に，持続可能な開発の状況を把握するための機関として，持続可能な開発委員会（CSD: Commission on Sustainable Development）に代わってハイレベル政治フォーラムが設置されることも含まれていた。

　リオ＋20 の結果を受けて，2015 年に国連持続可能な開発サミットが開催され，「持続可能な開発のための 2030 アジェンダ」が採択された。このアジェンダに含まれる目標が，持続可能な開発目標（Sustainable Development Goals），いわゆる SDGs である。

　持続可能な開発のための 2030 アジェンダは，2030 年を目標年とし，『「誰一人取り残さない」持続可能で多様性と包摂性のある社会の実現』を目的としている。

　MDGs では 8 つであった目標が，SDGs では 17 に拡大された。そして，目標を実現するためのターゲットは 169 個，指標は 231 個設定された（総務省，2022）。

（1）SDGs の活動分野

　SDGs は，人間，豊かさ，地球，平和，パートナーシップという 5 つの分野（5 つの P）について活動を行う（国際連合広報局，2016）。国連開発計画（UNDP）が作成した SDGs に関する資料には，5 つの P が次のように説明されている。

人間（**People**）　あらゆる形態と次元の貧困と飢餓に終止符を打つとともに，すべての人間が尊厳を持ち，平等に，かつ健全な環境の下でその潜在能力を発揮できるようにする（目標 1, 2, 3, 4, 5 お

　　および 6）。

豊かさ（**Prosperity**）　すべての人間が豊かで充実した生活を送れる
　　ようにするとともに，自然と調和した経済，社会および技術の進
　　展を確保する（目標 7，8，9，10 および 11）。

地球（**Planet**）　持続可能な消費と生産，天然資源の持続可能な管理，
　　気候変動への緊急な対応などを通じ，地球を劣化から守ることに
　　より，現在と将来の世代のニーズを充足できるようにする（目標
　　12，13，14 および 15）。

平和（**Peace**）　恐怖と暴力のない平和で公正かつ包摂的な社会を育て
　　る。平和なくして持続可能な開発は達成できず，持続可能な開発
　　なくして平和は実現しないため（目標 16）。

パートナーシップ（**Partnership**）　グローバルな連帯の精神に基づ
　　き，最貧層と最弱者層のニーズを特に重視しながら，すべての国，
　　すべてのステークホルダー，すべての人々の参加により，持続可
　　能な開発に向けたグローバル・パートナーシップをさらに活性化
　　し，このアジェンダの実施に必要な手段を動員する（目標 17）。

（2）理念

　SDGs は『「誰一人取り残さない」持続可能で多様性と包摂性のある社
会の実現』（JAPAN SDGs Action Platform, 2022）をめざしている。
その目標の特徴は以下にまとめられる。

普遍性　先進国を含め，全ての国が行動
包摂性　人間の安全保障の理念を反映し，「誰一人取り残さない」
参画型　全てのステークホルダーが役割を
統合性　社会・経済・環境に統合的に取り組む

透明性　定期的にフォローアップ

　普遍性・包摂性・参画型の理念のもとで，現在ではほとんどの国や企業であらゆる分野で取り組みが進められている。それは街のいたるところで SDGs の目標が掲げられていることからもわかるはずだ。

　また，統合性の理念は，17 の目標が貧困撲滅だけでなく，広く人権問題と環境問題をカバーしていることからわかる。

　これら 4 つの特徴によって，SDGs は一見すると世界中のあらゆる人々を対象としたあらゆる問題に対処するように見える。その意味で，SDGs は少し対象を広げすぎたような感もある。SDGs に含まれないものを探すほうが難しいのかもしれない。

　最後の透明性については，次項で解説する推進体制が該当する。

（3）推進体制

　SDGs の目標の進捗状況は，各国が自発的に報告書（Voluntary National Reviews）を国連に提出する。

　世界全体の状況を把握するのはハイレベル政治フォーラム（HLPF: High Level Policy Forum）である。HLPF においては，SDGs の世界全体の進捗状況をレビューする他，希望する国が自国の取り組み・達成状況を報告することもできる。なお，HLPF は持続可能な開発委員会（CSD: Commission for Sustainable Develompent）の後継組織とも言うべきもので，SDGs のみならず，持続可能な開発の現状を把握することを目的としている。

　一方で，世界をいくつかの地域に分けて，状況を報告し合ったり，必要な支援を検討する会議も並行して開催されている。日本はアジア太平洋に属し，The Asia-Pacific Forum on Sustainable Development

（APFSD）が開催されている。

　なお，SDGs は気候変動問題におけるパリ協定などと異なり，具体的な政策手法等には踏み込んでいない（蟹江，2020）。

本章の参考文献

JAPAN SDGs Action Platform（2022）「SDGs とは？」
　https://www.mofa.go.jp/mofaj/gaiko/oda/sdgs/about/index.html
ケイト・ラワース（2021）『ドーナツ経済』黒輪篤嗣訳，河出書房新社
ドネラ H. メドウズ，デニス H. メドウズ（1972）『成長の限界―ローマ・クラブ「人類の危機」レポート』ダイヤモンド社
デニス H. メドウズ，ヨルゲン・ランダース（2005）『成長の限界 人類の選択』枝廣淳子訳，ダイヤモンド社
レイチェル・カーソン（1974）『沈黙の春』青樹簗一訳，新潮社
J. ロックストロム，M. クルム（2018）『小さな地球の大きな世界 プラネタリー・バウンダリーと持続可能な開発』，武内和彦監修，石井菜穂子監修，谷淳也訳，森秀行訳，丸善出版
環境と開発に関する世界委員会（1987）「われら共有の未来（Our Common Future）」
国際連合（1972）「国連人間環境会議（ストックホルム会議）」
国際連合（1992）「国連環境開発会議（地球サミット：1992 年，リオ・デ・ジャネイロ）環境と開発に関するリオ宣言」
国際連合広報局（2016）「我々の世界を変革する：持続可能な開発のための 2030 アジェンダ」（外務省仮訳）https://www.unic.or.jp/activities/economic_social_development/sustainable_development/2030agenda/
坂田裕輔（2009）『ごみの環境経済学』（改訂版），晃洋書房
外務省（2016）「2015 年版開発協力白書」p.262.
竹本和彦（2020）『環境政策論講義：SDGs 達成に向けて』東京大学出版会

総務省 政策統括官 統計制度担当（2022）「持続可能な開発目標（SDGs）」
　https://www.soumu.go.jp/toukei_toukatsu/index/kokusai/
　02toukatsu01_04000212.html.
蟹江憲史（2020）『SDGs（持続可能な開発目標）』中央公論新社，p.290

学習課題

1. 持続可能な開発の必要性について説明せよ。
2. 閾値について，一次関数と二次関数を描画して確かめよ。
3. MDGs の成果について，文献などを参照してまとめよ。
4. MDGs と SDGs の関係について説明せよ。

3 | SDGsの目標

《**目標＆ポイント**》 持続可能な開発目標（SDGs）は本書の中心的なテーマである。本章では，持続可能な開発目標の内容について，概観する。
　各目標について詳しくは本書の他の章，国連開発計画の Web サイトや SDGs について解説する書籍などを参照されたい。本章では，策定時と本書執筆時点での目標に関連する世界の状況を解説することを心がけた。本章の内容を学ぶことで，SDGs 合意当時と現在の世界の状況を概観することができる。
《**キーワード**》 SDGs，SDGs の目標

1. SDGs の各目標の概観

　SDGs の目標は文字が読めない人々にも伝わるように，ピクトグラム（図 3–1）を使って表現されている。
　SDGs の 17 の目標のうち，目標 1 の「貧困をなくそう」や目標 2 の「飢餓をゼロに」などは MDGs から継続して掲げられている目標である。一方，目標 8 の「働きがいも経済成長も」や目標 9 の「産業と技術革新の基盤をつくろう」などは MDGs にはなかった目標である。これらは，MDGs 以降，各国内での経済格差への認識が広がったことや，現在すでにある技術だけでは課題の解決が難しいことから新たに追加された。
　SDGs の目標は経済，社会，環境の 3 つの側面をカバーしている。
　各目標については本書の各章で詳しく取り扱うが，ここで全体像を把

握するために，簡単に解説する。

　SDGs の 17 の目標については，ここでは国連開発計画の資料（国際連合広報局，2016）を改変して掲載する。

　SDGs については，「現時点での状況」に関する情報は入手しやすいが，SDGs 策定当時の 2015 年時点での世界の状況については情報を得にくい。そのため，以下では目標策定時点の状況と，本書執筆時点の 2022 年の状況も併せて整理した。これらについては，国際連合広報局（2016）と United Nations（2023）を参考にして，筆者が取りまとめた。

　本書購読時における SDGs の状況は上記の国連のサイトなどから容易に入手できるため，本書の記述と比較しながら読み進めていただきたい。

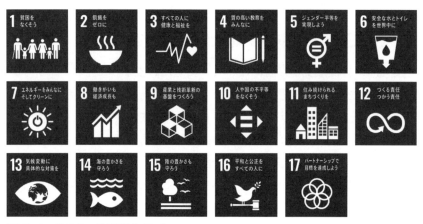

図 3–1　SDGs の目標とロゴ
出所：国際連合（https://www.un.org/sustainabledevelopment/）

2.　目標 1：あらゆる場所のあらゆる形態の貧困を終わらせる

> 2030 年までに，最も貧しい人々や最も弱い人々を含めた世界中のすべての人々の極度の貧困を根絶する。

　世界の貧困率は MDGs の成果もあり大幅に削減され，1990 年以来半減した。しかし，SDGs の作成当時，1 日 1 ドル 25 セント未満で暮らす人は 5 人に一人にのぼった。また，極度の貧困状態を脱したものの，それをわずかに超える水準で暮らしている人口は数百万人に及ぶ。

　2030 年において世界人口の 6％が極度の貧困状態にあり，目標 1 の「貧困の根絶」に届かないことが示唆されている。

3.　目標 2：飢餓を終わらせ，食料安全保障及び栄養改善を実現し，持続可能な農業を促進する

> 2030 年までに飢餓をなくし，すべての人々，特に貧しい人々や乳幼児を含む脆弱な状況にある人々が，安全で栄養価が高く，十分な食料を一年中入手できるようにする。

　生活のなかで十分な食料を得られない人口は今後増加すると見られている。2015 年現時点で空腹を抱えている人口は，約 7 億 9,500 万人である。この人数は今後増加し，2050 年までに 20 億人になると予想されている。

　この点，農林水産業は適切に管理すれば，すべての人に栄養価の高い食料を提供し，適正な収入を生み出す。しかし，現在は土壌や淡水，海洋，生物多様性の劣化が急速に進んでいる。気候変動は私たちが依存する資源にさらに大きな圧力をかけ，干ばつや洪水など災害に関連するリ

スクも高めている。

　栄養不足の人々の割合は，2000〜2002 年の 15%から 2014〜2016 年には 11%に減少した。2014 年において，推定 1 億 5,860 万人の 5 歳未満の子どもたちが，年齢に対して身長が不十分であると定義される慢性的な低栄養の一種である発育阻害の影響を受けている。

　2015 年から 2022 年の間に，状況は少し改善している。それでも，2019 年においては，7 億 5,000 万人近く（世界のほぼ 10 人に 1 人）が深刻なレベルの食糧不安にさらされている。また，推定 20 億人が安全で栄養価の高い十分な食料を定期的に入手することができていない。

4. 目標 3：あらゆる年齢のすべての人々の健康的な生活を確保し，福祉を促進する

> 2030 年までに，世界の妊産婦死亡率を出生 10 万人当たり 70 人未満にする。新生児と 5 歳未満の子どもの予防可能な死亡をなくし，すべての国が，新生児死亡率を少なくとも出生 1,000 人当たり 12 人以下に，5 歳未満児死亡率を少なくとも出生 1,000 人当たり 25 人以下に削減する。エイズ，結核，マラリア，顧みられない熱帯病の流行を終息させ，肝炎，水を媒介とする疾病，その他の感染症に対処する。予防と治療を通じて非感染性疾患による早期死亡を 3 分の 1 まで減らし，精神衛生と幸福を促進する。

　あらゆる年齢のすべての人の健康的な生活を確保し，福祉を推進することは，持続可能な開発に不可欠である。この点，平均寿命を延ばし，子どもと妊産婦の死亡に関連する一般的な要因のいくつかを減らすという点では進歩が見られる。また，きれいな水と衛生へのアクセスの拡大と，マラリア，結核，ポリオ，HIV/エイズ蔓延の削減についても，成果

があがっている。しかし，さまざまな疾病の根絶にはまだ努力が求められる。COVID-19 による格差の拡大も懸念されている。

1990 年から 2015 年にかけて世界の妊産婦の死亡率と 5 歳未満児の死亡率はそれぞれ減少したが，MDGs の目標は達成できなかった。一方，エイズ，結核，マラリアの発症率に関しては 2000 年から 2015 年にかけて世界的に減少し，MDGs の目標を達成した。

2017 年においても，いまだ 1 日約 810 人の女性が妊娠・出産が原因で亡くなっており，全妊婦死亡数の 94％は低・中所得国で発生している。2018 年には，推定 620 万人の 15 歳未満の子どもが亡くなっており，そのほとんどが予防可能な原因による死であった。感染症についても，2019 年に 170 万人が新たに HIV に感染し，69 万人がエイズ関連の病気で死亡している。

5.　目標 4：すべての人々への包摂的かつ公正な質の高い教育を提供し，生涯学習の機会を促進する

> 2030 年までに，すべての女子と男子が無償かつ公平で質の高い初等・中等教育を修了することを保証する。2030 年までにすべての青少年と大部分の成人が，男女ともに識字能力と計算能力を身につけることを保証する。

2013 年時点で，初等教育年齢に達している 5,900 万人と中等教育以下の年齢に達している 6,900 万人が学校に通うことができていない。学校に通えていない子どもの大半は少女であった。2008～2012 年に行われた 63 の低・中所得国の調査によると，最貧困層の 20％の世帯の子どもたちは，最富裕層の子どもたちに比べて 4 倍以上，学校に通っていない可能性が高い。2013 年時点で，15 歳以上の成人のうち，読み書きが

できない人は 7 億 5,700 万人で，その 3 分の 2 は女性であった。

　2018 年において，約 2 億 6,000 万人の子どもがまだ学校に通っておらず，これは，就学対象年齢の子どものほぼ 5 分の 1 である。また，全世界の子どもや青少年の半数以上が，読解力と数学の最低習熟基準を満たしていない。

6. 目標 5：ジェンダー平等を達成し，すべての女性及び女児の能力強化を行う

　すべての女性と女児に対するあらゆる形態の差別をあらゆる場所から撤廃する。児童婚，早婚，強制結婚，女性性器切除などのあらゆる有害な慣習を撤廃する。政治，経済，一般の生活のあらゆるレベルの意思決定において，女性の完全かつ効果的な参加とリーダーシップの機会均等を確保する。

　ジェンダーの平等は基本的人権であるだけでなく，平和で豊か，かつ持続可能な世界に必要な基盤でもある。世界はミレニアム開発目標（MDGs）の下で，ジェンダーの平等と女性のエンパワーメントに向けた前進（初等教育へのアクセスにおける男女平等を含む）を達成しているが，女性と女児は依然として，世界各地で差別や暴力を受けている。
　女性と女児に教育や保健医療，ディーセント・ワーク（働きがいのある人間らしい仕事）への平等なアクセスを提供し，政治的・経済的な政策決定プロセスへの平等な参加を確保すれば，持続可能な経済が促進され，社会と人類全体の利益となる。
　2015 年までに児童婚の慣習は減少している。20 歳から 24 歳の女性のうち，18 歳未満で結婚したと答えた人の割合は，1990 年頃の 32%から 2015 年頃には 26%に減少している。15 歳未満の女子の結婚率は，地

域や国によって差があるものの，世界的には，1990 年の 12％から 2015 年は 7％まで低下している。30 か国で少なくとも 2 億人の女性と少女が性器切除を受けている。

　国の議会における女性議員の割合は 2006 年以降，年平均 0.6％増加し，2016 年には 23％であった。2020 年時点での議会における女性議員の割合は 23.7％で，46 か国では現在，少なくとも国内の 1 つの議院において女性が 30％以上の議席を占めている。

7.　目標 6：すべての人々の水と衛生の利用可能性と持続可能な管理を確保する

　2030 年までに安全で安価な飲料水への普遍的かつ公平なアクセスをすべての人に提供する。2030 年までに水不足に苦しむ人々の数を大幅に削減するために，全セクターの水の利用効率を大幅に高め，淡水の持続可能な回収と供給を確保する。

　水問題は，安全な水の利用へのアクセスがまず重要であるが，そのためには水源の汚染も防がなければならない。水源の汚染を防止するために，衛生設備（水洗トイレや浄化槽・下水施設）の普及も同様に重要である。

　2015 年時点で世界の人口の 91％に当たる 66 億人が，改善された飲料水源を利用しているが，推定 6 億 6,300 万人はまだ改善されていない水源や地表水を利用している。2000 年から 2015 年の間に改善された衛生設備を使用している人の割合は 59％から 68％に増加し，49 億人が改善された衛生設備を利用できていた。

　2017 年現在，世界人口の 40％以上が水不足の影響を受けており，現在 17 億人以上が，水の使用量が涵養量を上回っている河川領域で生活

している。

8. 目標7：すべての人々の，安価かつ信頼できる持続可能な近代的エネルギーへのアクセスを確保する

　エネルギーは生活全般に関わる問題である。潘基文国連事務総長（2015年当時）は，「万人のための持続可能なエネルギー（Sustainable Energy for All）」イニシアティブを推進した。これは，エネルギーへのアクセスと，持続可能性に着目した行動である。そのために，再生可能エネルギーの活用を推進するとともに，エネルギー効率を倍増させることをSDGsではめざしている。

　2000年から2012年の間に，電力にアクセスできる人の割合は79%から85%に増加した。世界の最終エネルギー消費量に占める再生可能エネルギーの割合は，2012年において18.1%であった。自然エネルギーの割合は大きく増加しており，2014年の新規発電設備容量のうち，近代的な再生可能エネルギーはその60%を占めている。

　電力へのアクセスは改善を続けているが，依然として，世界人口の13%が近代的な電力にアクセスすることができていない。30億人が調理や暖房のために，薪，石炭，木炭，動物の排泄物を利用しており，可燃性燃料の家庭内での使用による室内の空気汚染によって，2012年には430万人が亡くなっている。

9. 目標8：包摂的かつ持続可能な経済成長及びすべての人々の完全かつ生産的な雇用と働きがいのある人間らしい雇用（ディーセント・ワーク）を促進する

　働きがいのある人間らしい仕事（ディーセント・ワーク）が十分に広がっていない現状では，貧困の撲滅が進んだとしても，人々が安心して

暮らすことはできない。

　そのために，すべての人が環境を損なうことなく，経済を活性化できる質の高い雇用を得られるための状況を社会が整備する必要がある。また，現役世代全体に雇用の機会と適正な労働条件を提供することも必要である。

　目標 8 では，後発開発途上国において，少なくとも年率 7%の GDP 成長率を維持することをめざす。2030 年までに，若者と障害者を含むすべての女性と男性のための完全かつ生産的な雇用とディーセント・ワーク，および同一価値労働に対する同一賃金を達成する。

　2020 年における男女の賃金格差は世界全体で 23%あり，断固たる行動がなければ，男女同一賃金の実現には 68 年が必要である。

10.　目標 9：強靭（レジリエント）なインフラ構築，包摂的かつ持続可能な産業化の促進及びイノベーションの推進を図る

　輸送，灌漑，エネルギー，情報通信技術などのインフラへの投資は，多くの国々で持続可能な開発を達成し，コミュニティーのエンパワーメントを図るうえで欠かせない。生産性と所得の向上や，健康と教育成果の改善にインフラへの投資が必要なことは，以前から認識されている。

　2018 年において，世界の 96%以上の人が，携帯電話の電波が届く範囲に住んでおり，90%の人々が 3G 以上の品質のネットワークを通してインターネットにアクセスすることができている。GDP に占める製造業の付加価値の世界シェアは，アジアの製造業の急成長によって，2005 年の 15.2%から 2017 年には 16.3%に増加した。2019 年に新たに追加された再生可能エネルギー発電設備の量は，2018 年よりも 20 GW（ギガワット）多い 184 GW で過去最高となった。

11. 目標10：各国内及び各国間の不平等を是正する

　貧困が大幅に改善する一方で，保健・教育サービスその他の資源への
アクセスという点で，大きな格差が残っている。この格差は，各国国内，
世帯内の不平等によるものである。経済成長があっても，それが包摂的
でなく，経済，社会，環境という持続可能な開発の3つの側面にすべて
関係するものとならない場合，貧困削減には不十分だというコンセンサ
スも広がっている。

　2007〜2012年において，94カ国中56カ国で，最貧困層40％の世帯
の一人当たり所得は，全国平均よりも急速に増加した。特にラテンアメ
リカとカリブ海諸国，アジアにおいて顕著で，それぞれ88％，67％の国
が最貧困層40％の世帯に利益をもたらした。

　2018年現在，開発途上国において，最貧困層20％の子どもたちは，最
富裕層上位20％の子どもたちに比べて，5歳の誕生日を迎える前に亡く
なる可能性が，依然として最大3倍大きい。所得の不平等の最大30％
は，男性と女性の間の差を含めた，世帯内の不平等によるものである。
男性に比べて女性は，所得の中央値の50％以下で生活している可能性が
高い。

12. 目標11：包摂的で安全かつ強靱（レジリエント）で持続可能な都市及び人間居住を実現する

　2030年までに，すべての人が手ごろな価格で，適切で安全な住居と
基本的なサービスを利用できるようにし，スラムを改善する。2030
年までに，すべての人に安全で手ごろな価格で利用しやすい持続可
能な交通システムを利用できるようにし，弱い立場にある人々，女
性，子ども，障がい者，お年寄りなどが必要としていることに特に

注意を払い，公共交通機関の拡大によって，交通安全を改善する。

都市や大都市圏は経済成長の原動力で，世界の GDP の 60％を占めている一方で，世界の炭素排出の 70％，エネルギー消費の 60〜80％，資源利用の 60％以上を占めている。

人口が大都市に移動し大都市の人口が増加する一方で，大都市に移動した人のかなりの部分がスラムに居住している。開発途上地域の都市人口の 40％がスラムに居住していると言われている。2014 年に 8 億 8,000 万人であったスラム人口は，2020 年には 8 億 2,800 万人に減少した。なお，スラム人口の大半は東アジアと東南アジアに集中している。また，大都市は環境汚染も深刻である。2012 年には，都市と農村の両方において周囲の大気汚染（屋外）によって 370 万人が早期死亡している。2014 年において，世界の都市人口の約半数が，WHO の定めた安全基準の 2.5 倍以上の大気汚染レベルにさらされている。

13.　目標 12：持続可能な生産消費形態を確保する

毎年，生産された食品の 1/3 の量（約 13 億トン，1 兆ドル相当）が，消費者や小売業者のごみ箱で腐敗したり，輸送や収穫方法が悪いため腐敗したりしていると推定される。食品部門は世界の総エネルギー消費量の約 30％を占めており，総温室効果ガス排出量の約 22％を占めている。

持続可能な消費と生産には，資源効率の改善と省エネの推進，持続可能なインフラの他，すべての人に基本的なサービス，環境にやさしく，やりがいのある仕事，生活の質的向上を提供することが関わる。そのために，2030 年までに，小売と消費者レベルにおける一人当たりの世界の食品廃棄物を半減し，食品ロスを削減する。

2000〜2010 年にかけて，先進地域の GDP 当たりの資源消費量は減

少してきている。有害廃棄物，化学物質，残留性有機汚染物質の環境に配慮した管理を実現するための国際的な枠組みは，バーゼル条約，ロッテルダム条約，ストックホルム条約で確立されている。大半の国連加盟国がこれらの条約に加盟している。

今後，2050 年までに，世界人口が 96 億人に達すると，現在のライフスタイルを維持するために必要な天然資源を供給するために，地球ほぼ 3 個分に相当する量が必要になる可能性がある。

14. 目標13：気候変動及びその影響を軽減するための緊急対策を講じる

炭素排出量は過去数十年間にわたって増加しており，2011〜2015 年にかけて記録的な高温となり，海氷は過去最低水準になった。気候変動は天候パターンの変化，海面の上昇，異常気象の増加などをもたらし，あらゆる大陸のあらゆる国に影響を及ぼすようになっている。

人間の活動に起因する温室効果ガスの排出は，気候変動を助長しながら増大し続けている。2019 年は史上 2 番目に暖かい年で，大気中の CO_2 濃度とその他の温室効果ガス濃度の増加度は新記録であった。気候変動の一番大きな影響を受けるのは，最貧層と最弱者層である。

15. 目標14：持続可能な開発のために海洋・海洋資源を保全し，持続可能な形で利用する

生物学的に持続可能な水準にある世界の海洋漁業資源の割合は，1974 年の 90%から 2013 年は 69%に減少している。生物多様性のある海域を保護することは，海洋の生物多様性と生態系サービスの持続可能性を維持するために不可欠で，2014 年時点で国の管轄下にある海洋環境の 8.4%，国の管轄外にある海洋環境の 0.25%が保護下であり，先進地

域，途上地域ともに，2000〜2014 年にかけて海洋保護の割合は増加した。海洋・沿岸資源と産業の市場価値は年間 3 兆ドルで，世界の GDP の約 5％を占めている。海洋・沿岸汚染の約 80％は，農業排水，農薬，プラスチック，未処理下水などの陸上での活動に起因している。

　2025 年までに，あらゆる種類の海洋汚染，特に海洋ゴミや富栄養化を含む陸上での活動からの海洋汚染を防止し，大幅に削減する。2020 年までに，海洋・沿岸の生態系に著しい悪影響が出ないように，回復力を強化することなどによって，持続的に管理・保護し，健全で生産性の高い海洋を実現するために，海洋・沿岸の生態系を回復させるための取り組みを行う。

16.　目標 15：陸域生態系の保護，回復，持続可能な利用の推進，持続可能な森林の経営，砂漠化への対処，ならびに土地の劣化の阻止・回復及び生物多様性の損失を阻止する

　2019 年の「生物多様性と生態系サービスに関する地球規模評価報告書」（IPBES, 2019）によると，約 100 万種の動物や植物が絶滅の危機に瀕しており，その多くは数十年以内に絶滅するとされている。1990 〜2015 年にかけて，世界の森林面積は世界の総土地面積の 31.7％から 30.7％に縮小した。2014 年時点で，世界の陸上・淡水環境の 15.2％が保護区であった。2015 年時点で，2 万 3,000 種以上の植物・菌類・動物が高い確率で絶滅の危機に直面している砂漠化に対処するための取り組みが行われている。

　2020 年までに国際的な義務に沿って，陸上と内陸の淡水生態系とそのサービス，特に森林，湿地，山地，乾燥地を確実に保全し，回復させ，持続可能な利用ができるようにする。2020 年までにあらゆる種類の森

林の持続可能な管理の実施を促進し，森林減少を食い止め，荒廃した森林を回復させ，世界的に植林と森林再生を大幅に増加させる。2030 年までに砂漠化に対抗し，砂漠化，干ばつ，洪水によって影響を受けて荒廃した土地と土壌を回復させ，土地荒廃がニュートラルな世界を達成できるように努める。

17. 目標 16：持続可能な開発のための平和で包摂的な社会を促進し，すべての人々に司法へのアクセスを提供し，あらゆるレベルにおいて効果的で説明責任のある包摂的な制度を構築する

　持続可能な開発に向けた平和で包摂的な社会を推進し，すべての人に司法へのアクセスを提供し，あらゆるレベルで効果的で責任ある制度を構築することを定めている。しかし，世界の人口 10 万人当たりの意図的な殺人の被害者数は 4.6〜4.8 人と推計されているが，発展途上地域における意図的な殺人率は先進地域の 2 倍，ラテンアメリカ・カリブ海諸国では，世界平均の 4 倍である。世界では 5 歳未満の子どもの 4 人に 1 人以上が出生の記録をされておらず，サハラ以南のアフリカでは半数以上（54%）が記録されていない。

　戦争，迫害，紛争から逃れる人々の数は，2018 年に 7,000 万人を超え，国連難民高等弁務官事務所（UNHCR）の記録する約 70 年間で最高水準となった。2019 年において，国連は，47 か国の人権擁護者，ジャーナリスト，労働組合員の，357 件の殺害と，30 件の強制失踪について追跡調査している。

　2022 年から始まったロシアによるウクライナ侵攻は 2023 年 2 月現在も続いている。

　今後あらゆる形態の暴力とそれに関連する死亡率をあらゆる場所で大

幅に減少させる。子どもに対する虐待，搾取，人身売買，あらゆる形態の暴力と拷問をなくす。2030 年までに，不正資金や不正な武器の取引を大幅に削減し，奪われた財産の回収や返還を強化し，あらゆる形態の組織的な犯罪と闘う。2030 年までに出生届を含む法的な身分をすべての人に提供する。

18.　目標 17：持続可能な開発のための実施手段を強化し，グローバル・パートナーシップを活性化する

　2019 年の経済協力開発機構（OECD）の開発援助委員会（DAC）加盟国による政府開発援助（ODA）の純流入額は，1474 億ドルであった。途上国から先進国への輸入品の 79％が無税であり，途上国の債務負担は輸出収支の約 3％で安定している。2012 年の対外債務の対輸出比率は，ほぼすべての途上国で 6％未満であり，2000 年よりも大幅に低下している。インターネットへのアクセスは，過去 10 年間で大幅に増加したものの，2015 年時点で先進国は人口の約 80％が利用していたのに対し，途上国では人口の 3 分の 1，後発開発途上国では 10 人に 1 人しかインターネットを利用していない。

　先進国は，途上国に対する政府開発援助（ODA）を国民総所得（GNI）の 0.7％にし，後発開発途上国に対する ODA は GNI の 0.15〜0.20％の目標を達成するという，多くの先進国が約束している目標の達成を含め，先進国は ODA の約束を完全に実行する。開発途上国の輸出を大幅に増加させ，特に，2020 年までに世界の輸出に占める後発開発途上国の割合を 2 倍に増やす。

本章の参考文献

IPBES（2019）「生物多様性と生態系サービスに関する地球規模評価報告書：政策決定者向け要約」p.64
United Nations（2023）*Take Action for the Sustainable Development Goals*
国際連合広報局（2016）「我々の世界を変革する：持続可能な開発のための 2030 アジェンダ」（外務省仮訳）https://www.unic.or.jp/activities/economic_social_development/sustainable_development/2030agenda/
外務省（2022）「JAPAN SDGs Action Platform」
https://www.mofa.go.jp/mofaj/gaiko/oda/sdgs/index.html

学習課題

1. SDGs の各目標について概観し，目標相互の関係を考えよ。

2. 身の回りの社会問題を一つ取り上げて，SDGs のどの目標と関連があるか解説せよ。

3. SDGs の目標が自治体の政策にどのように反映されているか，身近な自治体について調べよ。

4 | 環境問題を経済学で分析する

《**目標＆ポイント**》　経済学は希少資源を最適に配分しながら社会厚生を最大
化する学問である。人口の増大と技術の発展により，自然環境も希少性のあ
る資源となった。
　自然環境は，無秩序に使用すれば自然環境そのものの存続が危うくなると
いう意味で，利用できる量が限られている＝希少性がある。もちろん，自然環
境が失われることは，人間社会の存立に関わる。
　それゆえ，希少資源を最適に配分することの前提として，希少資源の利用
が持続可能なものであることが必要である。
　この意味で，経済学は持続可能な開発目標を達成・進化させることも主要
な関心として持っている。
《**キーワード**》　経済学，割引，市場の失敗，外部性，公共財

1.　経済学の役割

（1）経済学とは何か

　経済学は限られた資源を効率的に利用して人類を幸福にする方法を考
える学問だ。資源が無限にあればすべての人が豊かに暮らすことは簡単
であるが，多くの資源は有限だ。全員に十分に資源を行き渡らせること
ができないなかで，どのように資源を配分すれば，より多くの人が豊か
に暮らせ，幸せになれるだろうか。
　経済学では，人々の幸福を社会厚生という言葉で定義しその最大化を
めざしている。社会厚生を増大させるためには，貧しい人々の厚生を集

中的に増大させてもいいし，全体をまんべんなく増大させてもいい。も
ちろん，富裕層に資源を集中させても合計としての社会厚生は拡大す
る。社会の誰の厚生を増大させるかは，時代や国の価値基準によって異
なる。

　それでは資源はどうだろうか。近年，人類の環境負荷が高まったこと
により，多くの資源の枯渇が危惧されるようになっている。しかし，そ
のなかでもより枯渇の危険が高いもの，あるいは枯渇の危険が少なくて
ももともと供給量が少ないものもある。こうした資源を希少資源と言う。
伝統的には，労働力，食料，お金，エネルギーなどが希少資源となって
きた。しかし，今や自然環境そのものが希少である。

　当然ながら自然環境が利用しつくされ，再生が困難になれば人類社会
は立ち行かなくなる。

（2）経済学的に見た環境問題の原因
　自然環境が希少になったことで，自然環境の持続可能性が経済学の分
析対象となってきた。
　経済学的に見た環境問題の原因は次の3点である。

- 環境問題は長期の問題である。割引率が環境問題を見えなくしている。
- 経済学が基本とする市場メカニズムが機能不全に陥っている。
- 資本が過剰に利用されてきた。資本を育成する。（12章）
- 未来の不確実性（6章4）

（3）経済学と持続可能な開発
　SDGsには環境・社会・経済の3つの分野があり17の目標が設定さ
れている。本章はこのうち経済と環境の関係に着目して解説を行う。特

に環境に経済が与える影響について，割引率と市場メカニズムの 2 点に
焦点を絞って解説した。

　経済が社会に与える影響については，資本主義・市場メカズムが生み
出す不平等などが考えられる。これらについては，主に分配の問題とし
て本書では考えているが，分配の不平等・結果の不平等が発生する原因
については解説していない。むしろ，分配の不平等がもたらす影響を経
済学によって解決する方法について解説した。

2.　割引率

　人は遠い将来の収益・被害を近い将来の収益・被害よりも低く見積も
る傾向がある。この低く見積もる割合を割引率と言い，実際に見積もっ
た価値を割引現在価値と言う。つまり，割引現在価値は，「n 年後の x 円
の価値を r％で割り引いたときの現在の評価額」である。表には，1 年，
10 年，50 年，100 年後にそれぞれ 100 億円の価値が，割引率を 1％，
3％，5％，10％としたときに割引現在価値がどうなるかを示した。例え
ば，100 億円の被害を年率 3％で割り引いたときの割引現在価値は，50
年後の被害では約 22.8 億円，100 年後では約 5.2 億円である[1]。

表 4–1　割引率と現在価値

	1%	3%	5%	10%
1 年	99.010	97.087	95.238	90.909
10 年	90.529	74.409	61.391	38.554
50 年	60.804	22.811	8.720	0.852
100 年	36.971	5.203	0.760	0.000

出所：筆者作成

---

1)　割引現在価値は，次の式で求められる。

$$割引現在価値 = V/(1 + r)^n$$

$$V：将来の価値, r：割引率, n：年数$$

環境被害の割引率としては，3％程度が用いられることが多いようである。

　このように，人は未来の問題を一定の割合で割り引いて考えるため，将来の被害を低く見積もりがちである。気候変動問題は2100年までにかなり大きな被害が出ると予想されているが，国際社会はより踏み込んだ対策を行うことへの合意を得ることがなかなかできない。これも，国際社会が将来の被害を低く見積もってしまっていることが一つの原因である。

　現在の世代の活動によって将来の環境被害が引き起こされる場合，被害を被るのは将来の世代である。100年後の100億円の被害を現時点で評価する割引現在価値が5億円であっても，実際に将来時点で起こる被害はやはり100億円である。その意味で環境被害の算定において，割引率は使うべきではないという論者も多い。

　また，割引率については，後述する人間の合理性の問題から，長期的な問題に対してはより大きな問題があることが指摘されている。

3. 市場の失敗と限界

（1）完全競争市場

　経済学の基本的なツールに市場メカニズムがある。これは，図4–1のように，右下がりの線（需要曲線）と右上がりの線（供給曲線）が描かれた図で表す。

　この図が示す「市場」では単一の財やサービス（以下，財とする）が取引される。ここで取引される財は，まったく同質のものであり，デザインや品質も完全に同じである。「ニンジン」の市場で取引されるニンジンは形も大きさも味も，そして育て方も同一である。

　経済学はこの市場を中心に経済を考える。市場とは需要と供給が出会う場所である。ただし，経済学で言う市場は後述するように実際の市場からその本質を抜き出したものであり，かなり簡略されている。例えば，

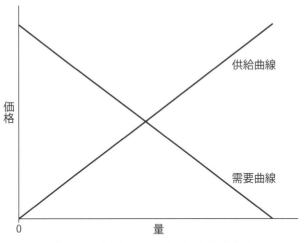

図 4-1　市場メカニズムと見えざる手
出所：筆者作成

　ニンジンの例で見たように市場では「同じ質」の財を，一種類だけ扱う。そして市場には需要者と供給者だけが参加し，量と価格だけを見て取引を行う。このような「純粋な市場」は現実には観察することが難しい。

　経済学でこのような理論モデルを使用するのは，市場がいくつかの便利な特性を持っているからだ。市場においては需要と供給が出会うことで，取引する財の価格と量が自動的に調整される。この調整された点を均衡点と言うが，均衡点においては社会厚生が最大化される。これを厚生経済学の第一定理と言うが，本書ではこれ以上は触れない。

　市場が持つ調整メカニズムについて少し詳しく見ておこう。取引されるにあたっては市場に存在する需要と供給の量と価格のみが考慮される。そして，需要と供給が一致する量と価格の組み合わせの点，すなわち 2 つの線の交点で取引が行われる。

　ある価格のもとで供給量が需要量より多いと，市場に財が余る（超過

供給）ので，財が売れないよりはましだと供給者が考えて価格が下がる。一方，需要量が供給量よりも多いときは財が足りない（超過需要）。このときは財を入手できないぐらいなら高い金額を払いたいと考える需要者がいるので，価格が上がる。前者の例としては農作物が豊作のときに価格が下がる状況がある。後者の例としては，ゲーム機や限定商品が品薄のときに，高値で転売する行為がある。

このようにして，市場では財の量と価格が自動的に調整され，取引が行われる。この調整メカニズムがいわゆる「見えざる手」である。

ところで，このように財の量と価格が自動的に調整される状態では，社会の「満足度」が最大化されるため，この市場のなかでは，均衡点が最も望ましい取引量・価格である。

まとめると，経済学では市場均衡を達成することが理想とされ，それは理想的な市場であれば自動的に達成される。

もちろん，現実の市場においては，ここで説明したような自動調整メカニズムはなかなか働かない。そこで，経済政策においては市場の自動調整メカニズムが機能するように，「不完全な」市場を「健全な」市場に近づける努力をする。

「健全な」市場は，経済学において「完全競争市場」と呼ばれる。その条件は次の5つである。

1.　参加者が多数いて，誰も市場を支配できない
2.　市場の外部に影響を及ぼさない
3.　取引される財が私的財であること
4.　参加者はすべての情報を持ち，情報の偏りがない
5.　市場の参加者は「合理的」に行動する

以下，各条件について簡単に解説しておく。

（2）参加者が多数

　市場を支配する存在がいる（独占・寡占）場合，供給価格や供給量を任意に操作されてしまう。そのため，市場には十分な数の参加者がいて，お互いに競争をしていることが理想である。参加者が多ければ，誰かが利益を増やすために価格を釣り上げても，他の参加者が今まで通りの安い価格で財を供給すれば，需要者はそちらを購入するため，価格を釣り上げることができない。

　実際に参加者が十分にいなくても，参入・退出が容易であれば同じである。ある市場で不当に価格が釣り上げられているとき，その市場は生産者にとっては「もうかる」市場である。それを知った人がその市場に参加すれば，価格は下がる。

（3）市場の外部に影響を及ぼさない

　経済学における市場は完結した閉じた存在である。市場取引は，市場の外部に影響を与えない。仮にその市場が非常に大きくなっても，それはその市場内部だけの出来事であり，外部とは関係がない。実際には，ペットボトル飲料の市場が大きくなることで，缶飲料の市場が小さくなったり，プラスチックごみが増加したりするように，さまざまな影響が社会にもたらされる。

　このように，ある市場での出来事が外部に影響を与えるような事象を外部性と呼ぶ。特に，外部に悪影響を与える事象は外部不経済性と呼ばれ，環境問題の一つの原因とされる。

（4）取引される財が私的財であること

　完全競争市場の 3 つ目の条件は取引される財が私的財であることである。

　私的財に対する財を公共財と言う。公共財とはある財の使用から他の主体を排除することが困難であり，かつ誰かがその財を消費しているときに他の主体も同時にそれを消費できるという性質を持つ財である。前者の性質を排除不可能性と言い，後者を非競合性と言う。

　これに対して私的財はこれらの性質を完全には備えない財全体のことを指す。

　なお，「公共」財という言葉から，公共財は公共，すなわち国や自治体が供給するものであると考えることがあるが，そうではない。公共財はあくまでも排除不可能性と共同消費性を持つ財のことであり，公共財が個人などによって私的に供給される例は多い。

（5）参加者はすべての情報を持ち，情報の偏りがない

　市場の参加者は，取引される財の種類，特性について需要者，供給者ともに十分な知識を持っている。これを完全情報と言う。そもそも，完全競争市場では，取引される財は均一であることになっていた。しかし，それらの財に供給者だけが持っている特殊な情報が存在する場合，需要者は正常な判断をすることができない。

　供給者だけが持っている情報とは，例えば，中古車に関する情報や労働者の能力などである。一般的な消費者にとって中古車の状態は説明されてもわかりにくい。さらに，販売業者があえて情報を伏せてしまえば，それを知ることは非常に困難である。また，労働市場における供給者＝労働者の持つ能力も実際に働いているところを見ない限りはわからない。ましてや新卒の学生が一斉に就職活動・面接に挑む状況では，学生の質を評価することは非常に困難である。

（6）市場の参加者は「合理的」に行動する

　この条件は，市場の参加者の行動方法を規定している。すなわち，消費者は効用最大化を行うし，生産者は利潤最大化を行うという条件である。具体的には，次のような行動を言う。

　参加者は取引される財について情報を得る努力を十分に行う。需要者はより安いものを好むし，供給者はより高い価格を好む。また，需要者は自分の予算制約を考慮して，一番満足度（効用）が高くなるように商品の購入量を決定する。供給者は，自らの経営状態を考慮して，短期的な供給量を決定するし，長期的な設備投資の判断を行う。場合によっては市場から退出することも考慮する。

　この条件は単純なのだが，近年，実際の市場参加者はそこまで合理的な判断をしていないことが研究で明らかにされてきた。この分野は行動経済学と呼ばれ，経済学で最も成長している分野の一つである。

4.　市場の失敗の環境問題への影響

（1）市場の失敗

　完全競争市場の条件が満たされないことを市場の失敗と言う。以下，簡単に説明しておく。

（2）独占・寡占

　ある市場における供給者が一つしかないことを独占と言い，少数の企業しかないことを寡占と言う。

　独占や寡占が生じていると，市場に競争がなくなり，企業は自分たちの都合が良い価格で商品を供給するようになりがちである。この価格は，完全競争市場における均衡価格よりも高くなる。

　独占や寡占の問題は，経済学的には環境問題とあまり関連しない。た

だし，これらの市場では供給者＝企業が消費者よりも強くなりがちである。そのため，これらの企業が事項で説明する外部不経済性を発生させていても，企業が行動を変えない可能性がある。

（3）外部性

　外部性については，完全競争市場の条件で説明したとおりである。

　外部不経済性が生じている状況として一つ例をあげるならば，工場から出る排煙である。近年では見られなくなったが，1980年頃までは，工場の煙突から真っ黒な煙が出ている光景が時折見られた。この黒煙は周辺に拡散しながら降り注ぎ，喘息などの健康被害を引き起こした。

　しかし，工場は煙を生産しているわけではない。各工場は工場内で何らかの生産物を生産して，市場に供給している。その副作用として煙が発生し，排出される。

　なお，工場排煙の問題は大気汚染防止法（1968年制定）により規制されているため，近年ではほとんど見られない。

（4）公共財

　公共財についても，市場の条件で説明した。自然環境は公共財の二つの条件，排除不可能性と非競合性を備えており，公共財と言える。

　公共財は，費用負担をどうするかという問題が生じがちである。例えば，公園の利用者から料金を徴収するためには周囲に柵を設け，料金ゲートを設置しなければならない。しかし，街の公園でそこまでの設備を備えることは費用的に難しい。このような公共財が利用者を限定できないという特性のため，私的財のように利用者から確実に利用料金を徴収することが困難なケースが多い。

　田園風景を求めてドライブする人は多い。農山村には，棚田や紅葉と

いった季節に応じた景観があり，訪問者を楽しませてくれる。それでは
訪問者はそういった景観の維持管理のための費用を支払っているだろう
か。請求されると支払うだろうか。実際には農山村の景観は地域の人々
が生活の中で維持管理している。

　近年，地方における高齢化が問題となっている。農山村における景観
の維持管理も，高齢化と後継者不足に伴い困難になってきている。もし，
景観の維持に都会の人がお金を払う仕組みがあれば，農山村における労
働の収入は今より高くなる。そうすれば，農山村で働きたいと言う人も
増え，景観も維持されるはずである。

　日本の農山村の景観を維持するために，そういった景観が好きな人か
ら料金を徴収してはどうだろうか。自主的に寄付してもらう形でもよい。
どのくらいの人が賛成するだろうか。例えば，和歌山県の農山村の景観
維持費用への支払いについて農山村の出身者（中山間地域出身者）と都
市部住民の違いを比較した研究がある。この研究では，農山村出身者の
ほうが平均して 702 円～1,512 円を多く支払う傾向があった（新保他，
1993）。都市部住民にも農山村の景観を休日に見に行く人は多いはずで
ある。それにも関わらず，自己申告制にするとこれだけの違いが出る。

　公共財一般の問題として，このように，需要を調査すると，実際の需
要量よりも過少申告するというものがある。それゆえ，社会全体として
対象となる財の必要性が過小に評価され，必要以上に少なく供給されて
しまいがちである。環境問題との関わりでは，自然環境の維持の重要性
が過小に評価され，自然環境が開発されることになる。

（5）不完全情報，情報の非対称性

　情報に関連して市場が失敗して環境問題が発生する原因には二つあ
る。一つが不完全情報で，もう一つが情報の非対称性である。

　不完全情報による環境問題には，新技術が社会に及ぼす影響がよくわからず，問題が明らかになった時点ではすでに被害が広がっているというケースがある。例えばオゾン層を破壊するフロンガスは，開発された1900年代初頭は理想的な物質としてもてはやされた。その後，1970年代にオゾン層を破壊する可能性が指摘され，1987年にモントリオール議定書で削減が合意されるまで，生産・使用が続けられた。

　一方，情報の非対称性による環境問題として，質が異なる商品が同一市場で取り扱われることによるものがある。均一であると思っていた財が実はそうではなく，さまざまな特性を持っていたという事例として，環境配慮型の商品がある。生産段階で環境に配慮した商品が他の一般的な商品と同じ棚に並べられていると，価格と量で比較されてしまいがちである。

　例えば，同じ「コーヒー」でも，生産地の生態系に配慮したり生産者の生活に配慮したりしているコーヒーがある。その一例が第10章3で紹介するフェアトレードである。フェアトレードコーヒーを単なる「コーヒー」として市場に供給すると，需要者にとっては同じ「コーヒー」である。しかし，このようなコーヒーは一般的なコーヒーと比べて生産費用が高いため，均衡価格では供給をあきらめなければならない。この場合，供給者は「生産地・生産者に配慮したコーヒー」であることを明示して，一般的なコーヒーとは別の市場に財を供給するべきである。

　量販店では，「生産地・生産者に配慮したコーヒー」「環境に配慮した商品」などと明示した棚を独立して設けることができれば，他の一般的な商品と混ざってしまうことがなくなる。ただし，量販店がそこまでのスペースを割くかは量販店の顧客がそれを求めるかにかかるため，実際に実現するのは困難かもしれない。

（6）合理人の仮定

　合理人の仮定が満たされないことでも環境問題は起こる。経済学は長らく人が合理的であるという仮定を設定して議論を進めてきたが，20 世紀の終わりに行動経済学が普及することで，この仮定の有効性が議論されるようになった。

　例えば，気候変動は長期的な問題であるが，適切な割引率を設定すれば，人間は合理的な行動を取ることができる可能性がある。しかし，行動経済学の研究から，人の長期的な意思決定には双曲割引と呼ばれる傾向が観察される。双曲割引とは，短期的な割引率よりも長期的な割引率を大きく評価するという現象である。極端な例を考えるならば，気候変動対策の負担（＝短期的な影響）を割引率 1％で評価し，気候変動の被害（＝長期的な影響）を割引率 10％で評価するようなものである。

　双曲割引が存在するもとでは，割引率が一定である場合よりも，将来の影響が軽視される。このような状況では，一定の割引率を想定して，気候変動対策の負担と被害を比較した分析をもとに政策提言を行っても，人々の賛同を得ることが難しくなる。

本章の参考文献

新保輝幸，浅野耕太，嘉田良平（1993）「中山間地域農林業の外部経済効果の出身者による評価」『農村計画学会誌 Vol. 12, No. 3』pp.30–42

74

学習課題

1. 身近にある市場を一つとりあげて，市場メカニズムが働いているか検討せよ。
2. 割引率が5%のとき，100年後に100の環境被害が発生するとする。割引現在価値はいくらか，計算せよ。
3. 公共財の例を一つ見つけて，それが公共財であることを説明せよ。

5 | 市場を正常にする

《目標&ポイント》　市場の失敗が生じている状況で，国や自治体はどのような対策を取ることができるのだろうか。本章では市場の失敗の例としてごみ問題を題材にしてまず解説を行う。
　市場の失敗の代表例として，汚染物質の排出がある。汚染物質は複数の主体から排出されるため，削減には主体感の公平性を保ちながら削減量を割り当てる必要がある。また，政策効果をあげるためには，複数の政策を組み合わせて実施することが考えられる。
　本章の学習により，汚染削減のための政策手法について学ぶことができる。
《キーワード》　市場の失敗，環境税，課徴金，排出許可証制度

1.　市場の失敗でごみ問題が生まれている

　令和2年度の日本のごみ（一般廃棄物）排出量は年間4,100万トン，一人一日当たりにすると901グラムである。リサイクル率は20.0%である。最終処分場を今のまま使用し続ければあと何年使用できるかという指標である残余年数は22.4年である（環境省，2022）。
　ごみ排出量は，平成12年（2000年）をピークにして，順調に減少している（図5–1）。ごみ排出量のデータを見る限り，日本社会はごみ問題を克服してきたように見える。
　ところで，廃棄物は産業廃棄物と一般廃棄物に区分される。このうち，産業廃棄物とは，事業活動に伴って生じた廃棄物のうち，法律で定められた19種類を言う。日本全体で発生している廃棄物にはごみ以外の廃

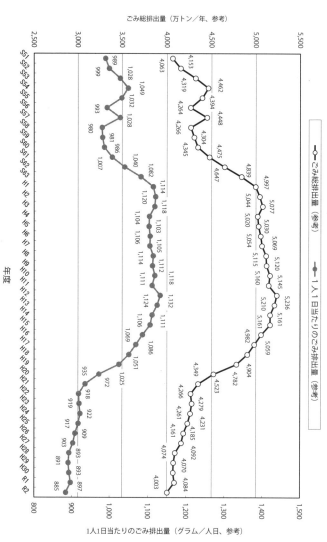

図 5-1　ごみ排出量の推移
出所：環境省（2022）

76

棄物も含まれる。産業廃棄物は年間 4 億トン弱発生しており，リサイクル率は 53–55％である。一般廃棄物は，廃棄物から産業廃棄物をのぞいたものである。さらに，「ごみ」は一般廃棄物からし尿と特別管理一般廃棄物を除いたものである。結局，ごみは家庭や事業所からでる廃棄物のことである。

　日本は 2000 年に循環型社会形成推進基本法を制定するなど，廃棄物の循環利用を推進してきた。近年では循環型社会を実現する経済を「サーキュラーエコノミー」と定義して，国際的に発信を行っている。サーキュラーエコノミーは，単に資源をリサイクルするだけではなく，資源の再生利用や省資源の取り組みにより，付加価値を生み出すことも期待している。

　ここでごみを経済学的に位置づけておこう。そもそも，市場が健全であれば，ある財の市場で起きた出来事は市場内で解決され，市場の外に影響を及ぼさない。実際には，財の生産・消費過程で市場外に影響を与えないということはありえず，財を生産・消費すれば必ず残渣が生まれる。これらのうち固形物で再利用されないものがいわゆるごみ・廃棄物である。つまり，ごみはある財の市場が生み出す外部性である。また発生したごみは処理しなければならず，処理には費用がかかるため，外部不経済性と呼ばれる。

　このような外部不経済性によって発生したごみのうち家庭や事業所から出るごみを処理することは，日本においては市町村の役割とされている。各市町村では排出されたごみを処理するために収集体制と処理体制を整備し，ごみ処理サービスとして住民に提供している。ごみ処理サービスにより，消費の結果として発生するごみが市場取引に含まれる。

　なお，ごみ処理サービスは必ずしも無料ではない。そのため有料のごみ袋の購入を望まないなどで不法投棄が生まれる。不法投棄は市場の失

敗の一例であると考えてよい。

2. 限界排出削減費用

　具体的なごみの削減方法を解説する前に，ごみを減らすために必要となる費用について解説を行う。ごみをはじめとする汚染物質を削減するための費用は，現状から目標量まで削減するための総費用以外に，ある量から1単位削減するために必要となる費用も考えられる。後者の費用を「限界排出削減費用」と言う。

　一般的にごみを削減していない出し放題の状態から，削減を進めていくにつれて，削減は大変になる。例えば，図 5-2 では，排出量が30 の点では，なにも排出を削減していない。このときの限界排出削減費用はゼロである。そこから，1 単位ずつ削減を進めるが，排出量

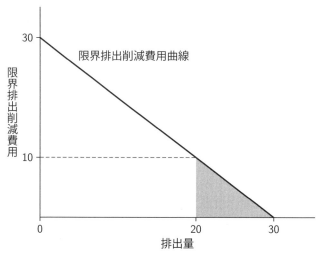

図 5-2　限界排出削減費用
出所：筆者作成

を 30 から 29 にするときの費用は 1 である。これに対して，21 から
20 にするときの費用は 10 である。30 から 20 にするときの総費用は，
1+2+3+4+5+6+7+8+9+10＝55 である（図の斜線部分）。

　以下の説明では，図のようにごみの削減費用は，当初の排出量から削
減する量が増えるにつれて上昇するものとして，解説を進める。

　限界排出削減費用が，削減量が大きくなるにつれて大きくなる理由
は，削減量が増えるにつれてより大きな削減努力が必要になるからであ
る。まったくごみ減量に取り組んでいない状態からごみを 1 グラム減ら
すのは容易である。例えば生ごみを水切りするとか，文房具を少し長く
使うなどいろいろな工夫が考えられる。一方，これらのよく知られてい
るごみ減量方法に取り組んだあと，さらに 1 グラムのごみを減らすのは
大変である。場合によっては自分でごみ減量方法を考案しなければなら
ない。

3.　削減方法：啓発

　日本でごみを減らすために最も活用されてきた手法は，「啓発」であ
ろう。「ごみを減らそう」や「混ぜればごみ・分ければ資源」といった標
語を活用したり，住民ワークショップなどの手法を通じて，ごみの減量
や分別を呼びかける。

　日本社会においては啓発活動を現場で担ってきたのは自治会である。
都市部の一部地域を除いて，自治会は地域の問題に目を光らせ，行政の
意向を推進するような役割を果たしてきた。

　啓発はあくまでも各自の気づきを促し，自主的に行動を変容させるも
のである。近年，地域における自治会の活動は低下しているが，2000 年
以前はかなり自治会の役割が強かったように思われる。そのため，ごみ
減量における自治会の啓発活動は次項で解説する「命令と統制」に近い

と感じた住民が多かったと推測される。

　筆者が 1990 年代に調査した事例でも，啓発活動を超えた監視・指導活動が見られた。ある自治体の担当者はごみ収集所に朝から待機して，地域住民が出すごみ袋をチェックし分別が徹底されているか指導していた。別地域では，自治会にごみ減量・分別の担当者を任命し，住民の排出したごみ袋の中身を点検して，分別が守られていないごみを取り出す事例もあった。

　いずれも行き過ぎた啓発と感じられる住民も多く，近年はそのような行き過ぎた事例は見られなくなった。

4.　削減方法：命令と統制

　ごみを減らすために次に考えられることは，各事業所・家庭が排出してよいごみの量を制限することだ。この方法は，直接規制，あるいは「命令と統制」と呼ばれる。

　命令と統制による汚染管理には，総量を規制する方法と，汚染物質の排出濃度を規制する方法，汚染者に特定の設備を設置することを義務付ける方法がある。

　総量を規制する方法は，一人当たりの排出量や濃度を行政が決定し，排出者に割り当てる。基準は汚染物質の種類や排出の態様によって決められる。規制を実施する範囲も全国一律である場合や，地域や企業別，特定の区域ごとに設定されることもある。

　排出濃度を規制する方法は，排出物に含まれる汚染物質の濃度を規制する。例えば，日本の水質汚濁防止法における一般排水基準では，排水に含まれる生物化学的酸素要求量（BOD）は，160 mg/L とされている。同様に，ごみの焼却施設から排出される排ガスに含まれる二酸化硫黄の濃度は「1 時間値の 1 日平均値が 0.04 ppm 以下であり，かつ，1 時間

値が 0.1 ppm 以下」とされている（環境省，2006）。

　家庭ごみで言えば，総量規制は，例えば週にごみ袋一つまでとする方法だ。濃度規制は，家庭ごみには該当しないが類似の概念として，ごみ袋に含まれる品目を定める方法がある。いわゆる分別排出である。

　最後の特定の設備を設置することを義務付ける方法は，設備があること自体を操業の条件とする。例えば，東京都ではディーゼル車について粒子状物質の排出基準を定めている。基準を満たすかどうかは，車種と型式の指定によって決定されるが，基準を満たさない型式の車でも，粒子状物質減少装置（酸化触媒等）を装着すれば運行が可能となる。この粒子状物質減少装置の装着が，「設備の設置の義務付け」の例となる。家庭ごみでは，生ごみ処理設備の設置が該当する。日本の自治体で生ごみ処理機の設置を義務付けている例はないが，「生ごみを収集しない」自治体は存在しており，これらの自治体では実質生ごみ処理機の設置やコンポストの利用など，各家庭で適切に処理することが義務付けられている[1]。

　命令と統制の手法は，排出基準を排出源ごとに設定することもできるため，情報さえ得られれば非常にきめ細かい政策を実施できる。もちろん，そのためには，排出者の状況や汚染物質が環境に与える影響を把握する必要がある。家庭ごみにおいては，各家庭の事情を詳細に把握することは困難であるし，プライバシー保護の観点からも問題があるだろう。そのため，個別の命令はあまり用いられない。

---

1)　本書執筆時には，例えば徳島県上勝町が該当する。上勝町ではそもそもごみ収集を実施しておらず，住民がごみステーションにごみ・資源物を持ち込む。その受入品目に生ごみがなく，自家処理を推奨している。上勝町はごみのリサイクル率も80％を超えており，世界におけるごみ処理の最先端である（上勝町，2021）。

（1）基準の公平性

命令と統制（直接規制）は汚染削減には有効な手段である。しかし，このような直接規制にも短所はある。政策の導入に必要な情報が非常に多いこと，基準の公平性と基準以上に削減するインセンティブがないことである。

いま，異なる限界排出削減費用構造を持つ A，B という 2 つの事業者に排出量を割り当てる政策を導入するとする。両者は割り当てられた排出量を遵守する。もちろん，両者ともにごみ排出を減らすために何らかの努力が必要となる。方法としては，手間をかけるか設備投資を行い，ごみ量を減らすことが考えられる。

社会全体でごみ排出量を削減するために，A と B に何らかの規制を行う。方法として，両者ともに同じ量だけ削減する（同量削減），同じ割合だけ削減する（同率削減），限界費用が同じになるように削減量を調整する（限界費用均等）という 3 つの基準を考える。このとき，A と B の削減費用の合計，すなわち社会全体の総削減費用は限界費用を均等にするように割り当てる方法が最も少ないことが知られている。

（2）削減のインセンティブ

直接規制の限界として，削減量を割り当てられた主体（企業や住民）は，目標を守ろうとはするだろうが，目標を達成したあとは，それ以上の努力をしない可能性がある。一般に直接規制では，技術や経済の要請と環境への影響とのバランスの中で，一定の基準を設定している。当然ながら，たいていの汚染物質は排出が少なければ少ないほどよい。

直接規制を実施すると，人々の関心は基準そのものに向き，環境意識とは関係がないところで対策が進む。それゆえ，環境改善を継続的に行うためには，環境基準を段階的に強化していく必要がある。

5.　削減方法：税・課徴金

　汚染物質の排出に対して，排出者が費用を負担する方法として税や課徴金がある。

　特に環境対策を導入目的としているものは環境税と呼ばれる。例えば，日本でも 2012 年から地球温暖化対策税が導入されており，現在ではガソリン 1 リットル当たり 0.76 円が徴収されている。

　一方，課徴金は，一定の水準を設定し汚染排出がそれを超えている場合に排出者が費用を負担する方法である。負担者から見れば税と同じような制度であるが，課徴金は汚染物質を排出する行為に対する支払いとしての意味合いが強く，収入の使途は意識されていない。

　課徴金にせよ税にせよ，排出者は自主的に汚染物質を削減することで費用負担を減らすこともできる。排出者が自主的な削減を行うか，課徴金・税を支払うかは，限界排出削減費用と支払い額の比較による。図 5–3 は，排出基準を 10 に設定した場合に事業所がとる行動を示している。この事業所は，汚染量を自主努力で 30 から 20 に減らすが，それ以上の削減は限界排出削減費用が課徴金（10）よりも高くなるために，削減ではなく課徴金の支払いを選択する。

　このように，適切な水準で課徴金水準を設定しておけば，事業者が自主的に削減と支払いを決定するため，行政は個々の事業者の削減費用を知る必要がない。個々の事業者の削減費用を知ることは，個々の事業者の内情を詳しく知っておく必要があるため非常に大きな行政コストが必要である。それゆえ，税・課徴金は個別の規制に対して政策の実施費用面で大きな利点がある。

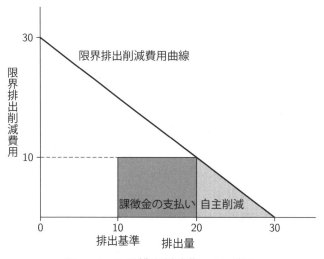

図 5-3　限界排出削減費用と課徴金
出所：筆者作成

6.　削減方法：補助金：生ごみ処理機への補助

　補助金は環境を積極的に改善する行動または汚染を削減する行動に対して支払われる。

　環境改善のための補助金は一般的な手法である。例えば，太陽光発電の導入に対する補助金や，住宅のエコ改修に対する補助などがある。エコカーの購入に対する補助や減税もその類型である。

　環境汚染物質を削減するための補助金は，汚染物質の排出者による排出を削減するための行動，例えば技術投資などに対して資金を提供する。「汚染者負担原則」の観点からは，環境汚染を行っている主体を支援することは問題があるようにも思えるが，汚染を放置することによる被害と補助金支出を比較して，汚染放置の被害がより深刻であると考える

ならば，受け入れられる。

　汚染削減に対する補助金の事例としては，生ごみ処理機への補助がある。現在，多くの自治体で生ごみ処理機に対する補助を行っている。補助額は購入金額の一定割合（$\frac{1}{2}$〜$\frac{1}{3}$），または定額（20,000 円〜30,000 円）で補助するというものが一般的だ。

7.　削減方法：許可証取引制度

　直接規制や税などの手法よりも効率的であると考えられている手法が，許可証取引制度である。

　許可証が環境汚染活動に対して発行される場合には，排出許可証取引制度と言われる。気候変動問題を防止するための国際的取り決めである京都議定書やパリ協定においても，二酸化炭素の削減を先進国で共同で進めるための仕組みとして提案されている。日本でもカーボンクレジットの取引として，取り組みが始まっている。ただし，本書執筆時点（2022 年 9 月）において，国内で活発に取引が行われている事例はない。

　許可証取引制度は，漁業においても採用されており，こちらは「ITQ 方式（取引可能な個別割当方式；Individual Transferable Quota)」として知られている。ITQ においては，漁場または漁船単位で漁獲可能量が割り当てられ，その漁獲可能量を当事者間で取引することが可能な仕組みである。(第 12 章 7（2))

8.　削減方法：ポリシーミックス

　ここまで，各種の規制手法について解説を行ってきた。しかし，現実にはこれらのうちのどれか一つだけが実施されている環境問題は少ない。たいていは，いくつかの手法を組み合わせて汚染削減に取り組んでいる。このようにいくつかの手法を組み合わせる方法をポリシーミック

スと呼ぶ（大塚，諸富，2022）。

　ポリシーミックスはこれまでに解説した諸手法の組み合わせであるため，さまざまな類型が考えられる。

直接規制と補助金　排出量の基準を直接規制として設け，それを達成するための設備投資などに補助金を用いる。

　　環境対策一般に広く利用される手法である。

税と補助金　直接規制と補助金と同様であるが，排出量全体に課税する点が異なる。

　　直接規制よりも，削減インセンティブが高いうえに税収を活用できる。

排出許可証取引制度と直接規制　排出許可証取引制度を強制力を伴って導入する場合には，対象となる環境において総量規制がかかっていることが通常である。その総量規制のもとで初期割当が行われる。

本章の参考文献┃

上勝町役場 企画環境課（2021）「上勝町のごみ分別｜上勝町ゼロ・ウェイストポータルサイト」

大塚直，諸富徹（2022）『持続可能性と Well-Being 世代を超えた人間・社会・生態系の最適な関係を探る』日本評論社

環境省 環境再生・資源循環局 廃棄物適正処理推進課（2022）「日本の廃棄物処理 令和 2 年度版」p.93

環境省 大臣官房 廃棄物・リサイクル対策部（2006）「廃棄物処理施設生活環境影響調査指針」https://www.env.go.jp/recycle/misc/facility_assess/

坂田裕輔（2009）『ごみの環境経済学』（改訂版），晃洋書房

学習課題

1. 身の回りの環境汚染を一つ取り上げて，どのような汚染対策が導入されているか調べよ。
2. ごみ問題がなぜ市場の失敗の事例と言えるのか，説明せよ。
3. 各自の居住する自治体におけるごみ問題の現状について調べよ。

6 | 持続可能な発展と経済学

《**目標＆ポイント**》 持続可能な発展（開発）は世界共通の目標となっている。
本章では，世界や国が持続可能な発展を実現できているか，現在どのような
状況にあるのかを評価する方法を経済学の観点から解説する。また，現在の
環境問題については，科学的にそのメカニズムが解明されていないものもあ
る。しかし，問題の影響が深刻な場合，今対策を取らなければ手遅れになる
可能性もある。そのような状況で行われる意思決定方法についても本章の後
半で解説する。
《**キーワード**》 持続可能な開発，強持続可能性，弱持続可能性，不確実性下
の意思決定

1. 経済にとって成長は必要なのか？

　持続可能な開発，持続可能な発展，持続可能な成長など，持続可能性
はさまざまな名詞と組み合わせて使用される[1]。

　先進国では，病気にならない限り多くの人が 80 歳前後まで生きるこ
とが期待できるようになった。一方，途上国の平均余命は先進国よりも
明らかに短い。先進国の人は，生存に必要な食料・医療を十分に入手で
きるからである。一人当たり所得と平均余命の関係を見ると，一人当た
り所得が 10,000 ドルを超えるあたりで，0 歳時点での平均余命（いわ
ゆる寿命）が上昇することが知られている。一般的には 10,000 ドルを
超えると，良好な栄養状態と医療へのアクセスが実現すると言われてお
り，その水準までは所得の増加がそのまま生存確率を増加させる。少な

---

1) 　近年では「持続可能な開発」が発展よりも一般的である。本章では，後述する
デイリーの著書の邦訳タイトルにならって「持続可能な発展」としている。

くとも，各国の平均所得がこの水準を越えるまでは経済成長には意味が
ある。

　それでは，80歳以上の平均寿命を期待できるようになった先進国で
は，それ以上の経済成長を求める意味があるのだろうか。所得と幸福度
には収穫逓減の法則が働き，所得が増加すると確かに幸福度は増加する
が，その増加率はだんだん低くなっていき，やがて所得の増加に幸福度
はほとんど反応しなくなる。すなわち，ある程度所得が増加した世界で
は，所得の増加ではない部分に人々は幸福を感じる。そのため，先進国
の人の幸福を高める，あるいは生活を豊かにするためには，所得以外の
要素を充実させる必要がある。

　持続可能な発展の経済学を提唱するハーマン・デイリーは，成長と発
展の違いについて次のように述べている。まず成長は，「物質・エネル
ギーのスループットの物理的大きさの増加」である。発展は「一定の大
きさのスループットを利用するうえでの質的な改善—技術的知識の改善
あるいは目的をより深く理解することに起因する改善」である。した
がって，「定常状態の経済は，発展はできるが成長できない」のである。
ここで言う定常状態とは，物質・エネルギーのスループットの量が一定
である経済である（デイリー，2005, p.41）。なお，スループットとは，
物質やエネルギーを経済でどれだけ使用するか，すなわち消費量のこと
と考えてよい。

　デイリーは，人類が利用できる資源に限りがある以上，成長経済から
定常状態への移行が不可欠であるとする。定常状態社会では，環境負荷
は増大しないものの絶え間のない質的な改善により，人々の生活はより
豊かになっていく。つまり，定常状態においては財の利用は増えないに
も関わらず，国内総生産（GDP）は一定ではなく，むしろ増加する可能
性が高い。

つまり，成長を前提とした経済から定常状態に移行しても，GDP の増加を意味する「経済成長」は可能である。ただしそれは，今までのように GDP の成長を政策目標にするのではなく，質的な発展をめざす結果として GDP が増加するかもしれないということである。

2．経済学における持続可能性

（1）持続可能な所得

今現在，人類がドーナツの輪に乗っている状態にある（第 2 章 3 参照）とするならば，その状態を維持できることが少なくとも必要である。

この点，経済学者のヒックスは，持続可能な所得概念を「共同体がある期間にわたって消費することができ，しかも期末も期首も同程度の暮らし向きであるような最大額」と定義している（ヒックス，1965）。ヒックスの定義は所得だけに限ってではあるが，「持続可能な状態」をフロー面から定義している。なお，ヒックスの説明は経済学における持続可能性の概念の基礎となるので，もう少しその記述を紹介しておこう。

> 実際的業務における所得計算の目的は，人々が貧しくなることなしに消費することのできる額を彼等に指示することである。この観念をつきつめれば，ある人の所得とは，これをつぎのごときものとして定義すべきであるように思われる。すなわち彼が一週間のうちに消費し得て，しかもなお週末における彼の経済状態が週初におけると同一であることを期待しうるような最大額，これである。かくて，人が貯蓄すれば，彼は将来自分の経済状態が良化するように計画しているのである。また彼がその所得以上の生活をすれば，自分の経済状態が悪化するように計画しているのである。所得の実際目的は，思慮ある行為の指針として役立つことにあることを想起すれ

ば，中心的意味がこうでなければならないことはかなり明瞭である
と思う。(ヒックス，1965, p.249)

　ヒックスは，週の始まりと終わりとを比較して，始まりと終わりが同
等あるいはより改善していること，すなわち「貧しくなることなしに消
費できることのできる額」を持続可能な所得としている。そして，この
ような状態を実現するためには，「暮らし向きが同程度とは，翌年に同
一の所得を生みだす同一の能力をもっているということ，すなわち資本
を減耗させずに維持することを意味する」(デイリー，2005, p.209) と
して，「能力」があることを要件としている。ここで，単なるフローで
はなく，フローを生み出す源泉に着目している点は，第8章（貧困・飢
餓・不平等）における貧困の罠，ケイパビリティアプローチに通ずるも
のがある。

（2）デイリーの持続可能性

　それでは，何が所得を生み出すのであろう。またそれがどのような状
態であれば持続可能であると言えるのであろうか。
　デイリーは，所得から資本に視点を移した以下の定義を持続可能性の
定義として使用する。

　　期首と期末で資本の量が変わらないこと

　この考え方からは，資本の内訳・構成割合を問わないため，期の途中
で，ある資本が別の資本に置き換わっても，総量が変わらなければ問題
がない。例えば，自然に存在する資本＝自然資本と人間が作成した資本
＝人工資本が相互に置き換え可能であるとすれば，その割合が変化して
も持続可能性に影響はない。

　自然資本を使用して人工資本を生み出せるのは当然であるが，人工資本を利用して自然資本を生み出すこともまた可能であるという前提である。しかし実際には人工資本から自然資本を生み出せるとは限らず，破壊された自然資本は再生不可能であることも多い。失われた森を復元することは困難であるし，そこに存在した生態系を回復させることはさらに困難である。ましてやそこに生息していた生物種が絶滅してしまった場合，復元は不可能である。

　そこで，デイリーはさらに，人工資本と自然資本に着目し，持続可能性を強弱に分類した。長期的には強持続可能性を想定して行動すべきであるというのが，デイリーの主張であった（デイリー，2005, p.209）。強弱の持続可能性は次のように定義される。

1. 弱持続可能性：資本の合計（＝人工資本＋自然資本）が一定であること
2. 強持続可能性：自然資本が一定であること

　弱持続可能性は，人工資本と自然資本の合計に着目しており，その内訳を問わない。先に述べたヒックスの持続可能性の定義そのものである。

　強持続可能性は，資本のうち自然資本の量だけを考慮している。自然資本が破壊によって減少すれば，持続可能性は低下する。自然資本が時間の経過により自然に成長すれば，持続可能性は向上する。

　デイリーが強持続可能性を提唱したのには，三つの大きな理由がある。まず，先に述べたように自然資本と人工資本は必ずしも代替可能ではないことである。次に，自然環境が希少になっているため，自然資本を人工資本に置き換えることは慎重になるべきであることである。最後に，自然資本が時間とともに資本量が回復するのに対して，人工資本は時間とともに劣化，すなわち減耗することである。仮に自然資本と人工

資本が代替可能であるとしても，自然資本から置き換わった人工資本の量は長期的には当初の自然資本の量以下になる。

3.　財・サービス・資本・資源

　前項では「自然資本」と「人工資本」について紹介した。ここで，具体的にそれらがどのような特性を持っているのかについての説明をする。一般的なテキストでは，資源・資本・財について厳密な区別を行うことは少ない。しかし，持続可能性を理解するためには，重要な概念であるので，ここで解説する。

　まず，財・サービス・資本・資源といった用語は，人間の利用という観点から定義された用語である。

　人間が利用しない，あるいは将来に渡って利用する可能性がないものは，分析の対象とはならない。

　人が生産・消費活動をする際には，資源を利用する。資源には財・サービス・資本が含まれる。

　財とは，人間が手にとって利用できる形があるものである。財には食品や燃料など生活の中で消費するさまざまな物質が含まれる。

　財に対する概念としてサービスがある。サービスは人間が利用できるもののうち，形がないものである。動画のコンテンツを視聴することや，風呂に入ってリラックスすることなどがその例である。

　財とサービスはいずれも人が消費することによってなんらかの満足（効用）を得る。また，両者を原料として使用することでなんらかの財やサービスを生み出す。両者の違いは形を持つかどうかだけであるから，経済学においては，「財やサービス」とまとめて使用することもあるし，「財」だけで無形の財（サービス）を含む場合もある。

　これらの財やサービスを生み出す存在が資本である。前項で述べた自

表 6-1　資本の類型

類型	形	概要
自然資本	有形	森や海など，自然の生態系そのもの
人工資本	有形	建物などの人間による建造物。農地も含まれる
金融資本	無形	収益を生み出す現金，株式や証券などの資産
社会資本	有形	人工資本のうち，橋や道路など多くの人々に共用されるもの
社会関係資本	無形	地域コミュニティや職場の人間関係などの人間集団における関係のこと
人的資本	無形	個々の人間の持つさまざまなスキル。学力やコミュニケーション能力なども含まれる

出所：筆者作成

然資本や人工資本も資本の一種である。資本には有形のもの無形のものがある。例えば，コミュニティのつながりを示す，社会関係資本は形を持たない無形資本である。なお，生態系は自然資本の代表例であるが，土壌や水，生物群などそこにある物質だけではなく，物質や生物相互の関係なども含めて一つの生態系という自然資本をなしている。そのため，生態系のように有形と無形を併せ持った資本も存在する。

　さて，経済は原材料を用いて，なんらかの生産を行い，それを交換することで回っていく。その生産には，主に財やサービスが原料として使用されるが，一部の資本はその構成要素を生産に使用できる。

　例えば，森は自然資本であるが，森の主要な構成要素である樹木は伐採することで木材として使用できる。しかし，森という自然資本そのものを何らかの生産に使用することは考えにくいため，生産に使用するものは「資本の構成要素」であるとしておく。

　以上から，資源を「生産に使用する材料」と定義できる。資源に財・

サービス・資本の構成要素が含まれることは今説明したとおりである。

　資本の類型として，自然資本・人工資本・社会関係資本をこれまでに紹介した。資本には他にもいくつか類型がある。

　金融資本は現金を生み出す資本である。金融資本には現金や株式・債権などが含まれる。社会資本は，道路や橋梁，ガスや電気など，人々の生活を支える社会インフラのことである。また，人的資本は個々の人間が持つさまざまなスキルや能力である。

4.　不確実性下の意思決定

（1）未来の事象と期待値

　持続可能性を考えるうえで，未来の事象をどう評価するかは重要である。環境問題に関する未来予測が「可能性がある」「可能性が高い」などの表現で説明されるように，未来を100％予測することはできない。資本をどのように維持管理していくか，その影響がどのようなものであるか等を考えるためには，予測できない状況でも何らかの意思決定を下さなければならない。

　未来が100％予測できないのには，二つの原因がある。一つ目は科学的なメカニズムが解明されていないことである。二つ目はある事象が100％起きるとは限らないことである。また，後者の発生確率については，発生確率が100％ではないが確率はわかっていることと，確率そのものがわかっていない事象がある。

　それでは，未来の事象が科学的に解明されていて，その発生確率が100％でなければ，その問題に備える必要はないのだろうか。

　例えば，天気予報を考えてみよう。徒歩で出かける日に傘を持って出かけるかどうか，天気予報で判断するとする。まず，予報が「100％の確率で雨が降るでしょう」と言っていたら，傘を持って出かけるだろ

う。予報が「60%の確率で雨が降るでしょう」と予測している場合，傘を持って出かけるだろうか。「10%の確率で雨が降るでしょう」ならどうだろうか。

　天気の場合，「雨が降る」という現象がこの世界で起こりうることに科学的な疑念はない。問題はどのぐらいの確率でどのぐらい降るかである。

　そこで，雨が降る確率とその影響がわかっているとしよう。なお，それぞれの事象の影響は数値で表せるとする。雨が降る確率が60%，降らない確率が40%であるとき，傘を持っているかどうかによって，影響が変わる。このような場合，次のような期待値を定義できる。

$$期待値 = 事象Aの発生確率 \times 事象Aの結果$$
$$+ 事象Bの発生確率 \times 事象Bの結果$$

　2つの行動（選択肢1と選択肢2）の間で迷っている場合，二つの選択肢の期待値を比較して，行動を決める。例えば次の表6-2の場合，傘を持つ方が，傘を持つ手間（-10）を考慮しても，期待値は大きいため，傘を持ったほうがよい。

表6-2　天気予報と傘の持参

	雨が降る（60%）	雨がふらない（40%）	期待値
傘を持つ	0	-10	-4
傘を持たない	-30	0	-18

（2）不確実性

　天気予報では，「雨が降る」事象は解明されているが，例えば，気候変動問題では，「気候変動が起きる」メカニズムが解明されていないし

その影響も未知である。近年の研究ではほぼ間違いなく人類の活動による影響で気候変動が起き，その影響は幅は大きいもののほぼ解明されている。しかし，メカニズムと影響が 100%解明されてはいない。現在検討されている気候変動対策に必要な費用は既知である。ただし，今後開発が期待される技術の場合は，費用もまだ不確定である。

　気候変動問題のように，対象となる事象のメカニズムまたはその発生確率がわかっていないあるいはその両方がわかっていない事象を不確実性という。一方，事象のメカニズムや結果とその発生確率がわかっており，期待値を定義できる事象をリスクと呼び区別している。

　不確実性に対しては，どのように対処することが望ましいだろうか。

　気候変動問題のような不確実な事象に対しては「不確実性下の意思決定」が行われる。不確実性下の意思決定では，事象の発生確率がわからないため，戦略を用いた意思決定が行われる。この戦略には例えば，発生確率を 50%と仮定して期待値を比較して選択を行う戦略や，それぞれの選択で最も悪い結果となった場合を比較してよりましな結果を含む選択肢を採用する方法（ミニマックス基準）などがある。

　ところで気候変動対策のなかには，省エネ投資のように，気候変動対策に加えて，エネルギー費用の削減というメリットを持つ政策がある。この場合の利得は例えば表 6–3 のようになる。この場合，気候変動が起きるかどうかに関わらず，対策したほうがよりよい選択肢である。このように事象の発生確率に関わらずある政策の利得が高くなる政策を「後悔しない政策」と言う。仮に，気候変動に関する科学的な合意が十分に形成されていなくても，後悔しない政策を実施することは，社会全体のメリットとなる。

表 6-3　後悔しない政策

	気候変動起きる	気候変動起きない	期待値
対策する	-500	1,000	?
対策しない	-10,000	0	?

（3）予防原則

　不確実性が存在する状況で，しかもその悪影響が非常に深刻である可能性がある場合，いわゆる予防原則に基づいた意思決定をすることも推奨される。「もし問題が起きなかったときに最大限の利得（利益）が得られるよう」な戦略を取ることもできる。しかし，影響が大きい場合に，問題が起きてしまった場合，その被害は取り返しがつかないものになるだろう。

　そこで，「化学物質や遺伝子組換えなどの新技術などに対して，人の健康や環境に重大かつ不可逆的な影響を及ぼす恐れがある場合，科学的に因果関係が十分証明されない状況でも，規制措置を可能にする制度や考え方」という予防原則が採用される場合がある。予防原則は1992年のリオデジャネイロ宣言の原則15でも，「環境を保護するため，予防的方策（Precautionary Approach）は，各国により，その能力に応じて広く適用されなければならない。深刻な，あるいは不可逆的な被害のおそれがある場合には，完全な科学的確実性の欠如が，環境悪化を防止するための費用対効果の大きい対策を延期する理由として使われてはならない」として，採用された。（EIC ネット，環境用語集「予防原則」）

　地球の生態系の破壊が不可逆（一度壊してしまうと再生が困難）であることを考慮するならば，できる限り予防原則を採用すべきであろう。

　前述したプラネタリー・バウンダリーについても，次のように，予防原則を採用して推計を行っている。

　私たちの研究グループは，地球の主要なプロセスに関する安全な限
界値を，「崖」からずっと離して科学的な不確実性の下限に設定し
た。それは，気候変動の場合，二酸化炭素濃度の限界値を 350 ppm
にすることを意味する。もちろん，こうした慎重な位置にガード
レールを設置するためには，限界のどのくらい近くまで世界経済を
拡大するべきかなど，グローバル社会が取るべきリスク・レベルに
ついての規範的な判断が必要だ。そこには，気候変動の限界値を超
えた場合に，世界の沿岸都市が数メートルの海面上昇に対処し得る
かなど，社会にどこまで受容力があるかについての判断も含まれ
る。」として，もちろん，優れた経営やガバナンスの仕組みと同じ
く，プラネタリー・バウンダリーの枠組みも，情報や情勢に応じて
更新され，微調整される必要がある。(武内，石井，2018, p.65)

　SDGs の目標においても，生態系の保護などで，予防原則的な考え方
が取り入れられている。

本章の参考文献

ハーマン・E. デイリー（2005）『持続可能な発展の経済学』新田功訳，大森正之訳，藏本忍訳，みすず書房

J. R. ヒックス（1965）『価値と資本Ⅰ』（岩波現代叢書）安井琢磨訳，熊谷尚夫訳，岩波書店

J. ロックストロム，M. クルム（2018）『小さな地球の大きな世界プラネタリー・バウンダリーと持続可能な開発』，武内和彦監修，石井菜穂子監修，谷淳也訳，森秀行訳，丸善出版

一般財団法人環境イノベーション情報機構（2023）「環境用語集」
『予防原則』https://www.eic.or.jp/ecoterm/?act=view&serial=2635

学習課題

1. 経済にとって成長が必要な場合はどのような場合か考えよ。
2. 強持続可能性と弱持続可能性を分ける必要性について説明せよ。
3. 資本と資源がどのように違うのか，説明せよ。

7 | イノベーション

《**目標＆ポイント**》 本章ではSDGsの達成に貢献するイノベーションについて解説する。イノベーションが普及することにより，人々の暮らしを変えていくことで持続可能な社会づくりが進むと期待されている。イノベーションは新技術の発明だけではなく，既存技術の組み合わせ，普及方法などの革新も含む広い概念である。

　近年は，技術だけではなく政策分野におけるイノベーションも期待されており，日本政府も積極的に取り組んでいる。

　本章の学習により，身近にあるイノベーションの可能性を自ら発見・評価できるようになることが期待される。

《**キーワード**》 イノベーション，発明，無消費，政策イノベーション

1. SDGsにおけるイノベーションへの期待

（1）SDGs達成に向けたイノベーションへの期待

　SDGsとMDGsを比べると，SDGsはイノベーションに対して大きな期待をかけていることに気づく。それはSDGsの目標年が2030年，あるいは2050年と長期間であることに由来するのかもしれない。現在人類が直面している課題が，既存の技術や知識では解決できない可能性があることを示唆している。

　SDGsの目標にもイノベーションの用語，あるいはその必要性を想起させる表現が多く使われている。そしてそれは一つの目標にとどまらず，複数の目標で使用されている。

例えば，目標 8 のターゲット 8.2 は次のとおりである。

> 8.2　高付加価値セクターや労働集約型セクターに重点を置くことなどにより，多様化，技術向上及びイノベーションを通じた高いレベルの経済生産性を達成する。

同様に，目標 7，9，12，17 でもイノベーションやイノベーションを前提とした表現が使用されている。

このように，SDGs におけるイノベーションへの期待を受けて，国連においては，SDGs 達成に向けての実施手段として技術円滑化メカニズムが 2015 年 9 月に構築された。このメカニズムは，SDGs のための科学技術イノベーションに関する国連機関間タスクチーム，SDGs のための科学技術イノベーションに関するマルチ・ステークホルダー・フォーラム等で構成されている（文部科学省，2018b）。

（2）イノベーションへの期待と未来への楽観的期待

SDGs の目標達成にイノベーションが貢献することが期待されている。

例えば CO_2 をまったく排出せずに，太陽エネルギーだけで生活に必要なエネルギーを供給できるシステムが発明され，安価で提供されれば世界の環境問題・不平等の問題の大半は解決するだろう。しかし，その開発・普及には大きな努力が必要である。イノベーションが世界を解決してくれると期待することは簡単であるが，イノベーションを見出し，世界に実装していく努力が必要だ。

特に高度経済成長期を生きてきた人々には技術への信頼，技術進歩への信頼が高いように思われる。これらの人々は猛スピードで技術革新が行われ社会が変わってきた世界に生きてきた。それゆえ，同じことがこれからも起こりうると考え，同時にその変革の担い手として自らを位置

づけていない。世界はどこかの誰かが開発・実装する技術で自然に変わると思っている。多くの人は，自らが中高年となり社会を変えうる立場になってもその気持ちは変わっていない。

　気候変動の危機が顕在化して若者たちが行動を訴えても，国際的な合意が大きな進展を見せず，身近な自治体・地域社会でも気候変動対策が中心的な関心とならないことがその証拠である。

　今，求められることはまったく新しい革新的技術を誰かが開発することに期待するのではなく，われわれ自身がイノベーションを社会に実装していく試みではないだろうか。

2. イノベーションとは何か，どう普及するのか

　イノベーションとは，「個人あるいは他の採用単位によって新しいと知覚されたアイデア，習慣，あるいは対象物」のことである。それには，次のような特徴がある（ロジャーズ，2007）。

- あるアイデアが「客観的」にみて新しいかどうかはほとんど意味がない
- 個人がそのアイデアを新しいと知覚するかどうか
- 新規性については，それが新知識である必要はない
- イノベーションが「新規」であるかどうかは，むしろ知識，説得，あるいは採用決定という観点から記述される

　イノベーションは，「革新的な技術開発」と捉えられがちである。しかし，イノベーションとは，本来「アイデア，習慣，対象物」のことであって，単に技術的な問題にとどまるものではない。業務内容の革新という意味でプロセスのイノベーションといった使い方もできる。

　クリステンセン（2019）は，イノベーションを持続型イノベーション，

効率化イノベーション，市場創造型イノベーションの3つに分類している。持続型イノベーションは，市場にすでに存在する解決策を改良する方法である。例えば，既存の顧客に対して商品・サービスを継続的に改善・拡充しながら収益をあげる。効率化イノベーションは，すでにある手法をより少ない資源で実現することである。先述したプロセスのイノベーションもここに含まれる。市場創造型イノベーションは，それまでプロダクトが存在しない，あるいは既存のプロダクトに手が届かないために市場が存在しなかったところに，市場を創造する。貧困層に携帯電話や保険を普及させる事例が紹介されている。

　持続型イノベーションは若干の雇用を生む可能性があり，市場創造型イノベーションは大きな雇用を生む可能性がある。効率化イノベーションは逆にプロセスの効率化によって投入資源の一つである雇用が失われる可能性がある。

　クリステンセンの提示する3つのイノベーションのうち，市場創造型イノベーションと効率化イノベーションはSDGsの実現にも重要な貢献をすることが期待される。

　市場創造型イノベーションは，現在市場が存在していないため，消費者は何も消費していない，無消費の状態である。それゆえこれらの人々が参加できる・参加したくなる市場を創造することで膨大な経済効果が生まれる。この無消費は，資産・時間・スキル・アクセスの4種類の障壁の存在によって生まれている。このうち資産と時間は容易に想像がつくだろう。スキルは例えばデータを集計するために，コンピュータを使用するスキルが低いために電卓を使用することである。コンピュータを使えば一瞬で終わる集計作業であるが，コンピュータを使用できない人にとってはその価値がわからないだろう。そのため，コンピュータの市場に参加せず，電卓を使い続ける。アクセスは，何らかの理由で有益な

　情報や解決策を利用できない状態にあることである。例えば，途上国の生産者は携帯電話を入手するまで，一次産品の国際市場の情報をリアルタイムに知ることができず，仲買人の提示する金額を受け入れるしかなかったため，不利な条件での取引を強いられた。

　無消費の状態を解決することで，環境問題や貧困を劇的に改善できる可能性がある。

　効率化イノベーションは，既存製品の生産・使用に必要な資源を節約することで環境負荷の低減に貢献する。この点は，白熱電球から LED への変更によるエネルギー消費の低下など，SDGs においてはさまざまな場面で貢献する。

　太陽光発電の発電効率の改善や家屋の断熱構造の改善などさまざまな分野での改善努力が進められている。その意味で，持続型イノベーション・効率化イノベーションには期待できる。一方で，SDGs でイノベーションとして捉えられているのは，市場創造型イノベーションも多い。

　例えば，発電技術や衛生的な水処理技術はすでに存在している。それにも関わらずこれらの技術が世界中のすみずみに行き渡らず，生活インフラへの「アクセス」が SDGs の課題としてあげられるのは，これらの技術に手が届かず無消費の状態の人が多いからである。そしてこれらの人々に技術を届けるためには，市場創造型イノベーションが必要である。

3.　市場メカニズムとイノベーション

（1）市場メカニズムにおけるイノベーション

　市場メカニズムにおいてイノベーションは，既存商品の生産・販売プロセスの革新またはまったく新しい市場の創造として現れる。ただし，市場メカニズムは，既存商品の市場を分析する枠組みである。そのため，まったく新しい技術やサービスが生まれるような状況は市場メカニズム

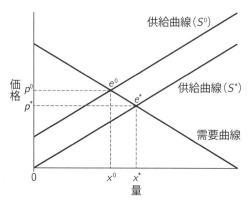

図 7–1　市場内のイノベーション
出所：筆者作成

の分析の枠外である。

　まず，既存商品におけるイノベーションは，市場内部で生まれる。このタイプのイノベーションは前項で解説した持続型イノベーションと効率化イノベーションが該当する。

　図 7–1 は需要曲線と供給曲線が描かれた単純な市場の図である。当初の均衡は供給曲線 S^0 と需要曲線の交点である e^0 点である。

　この市場において，生産効率を改善するようなイノベーションが供給側に起こり，製品の生産費用が低下したとする。このとき，供給曲線は下にシフトし S^* となる。均衡価格も p^0 から p^* に低下し，取引量は x^0 から x^* に増加する。その結果，市場均衡点は e^0 から e^* に移行する。このように生産効率が改善されると，供給曲線が下にシフトするので，供給価格が下がり，結果としてより安い価格で市場に商品が供給されるようになる。

　つまり，これまで価格の関係で商品を購入できなかった人々が製品を購入できるようになる。図では価格が若干低下するように見えるが，実

際の世界ではイノベーションによって価格が数分の1～数十分の1に低下することも起こりうる。例えば携帯電話は，発売当初月に数万円の料金がかかる商品であったが，現在では月に数百円から利用できるようになった。そのため，当初はビジネスマンが業務で使用するものであったものが，子どもが親に連絡する程度の用途でも利用できるようになっている。

　一方，これまでにない製品やサービスが生み出される場合は，既存の市場の構造変化ではなく，無消費の状態の世界に新たな市場が生み出される。例えば，携帯電話・スマートフォンの市場がそうであった。

　それ以前に類似の技術が存在しなかったため，誰も消費をしていない状態が無消費である。そして，無消費の状態を改善することは市場創造型イノベーションと呼ばれる。これらの技術を普及させる方法を市場創造型イノベーションと呼ぶのはもう一つ理由がある。仮にこれらの技術を援助によって無償あるいは安価で途上国に提供すれば，人々は使用するだろうか。

　クリステンセン（2019）は，インドの家庭に水洗トイレを提供した事例を紹介して，この問題を解説している。同書によれば，2014年から2015年にかけて，インド政府は1,000万基以上のトイレを建設する計画を立てて，実行していた。しかし，2015年に政府は，「トイレをつくればつくるほど，トイレを使うよう説得する仕事が増えてい」くことに気づいた。設置場所を調べると，干ばつによる水不足トイレのために水が使われていなかったり，もともと排水設備とつながっていないトイレすら存在した（クリステンセン，2019, p.105）。

　この事例は，政府が技術を住民に，トイレを供給する（プッシュ）することで利用を促したのであるが，もともとトイレを使う習慣がない人々に技術を提供するだけでは，トイレを衛生的に保つことはできな

かった。この場合は，トイレを使う習慣を慎重に普及し，トイレを衛生的に管理する動機を醸成する必要があった。

　つまり，技術に対する需要を人々のなかに作ることが技術の普及には不可欠である。そしてこのように消費者が技術を欲し，市場に参加する仕組みは「プル要因」と呼ばれる。つまり，市場創造型イノベーションは，新技術の市場にプル要因を組み込んだものである。

（2）イノベーションはどこから生まれるのか

　それではイノベーションはどのようにすれば生み出すことができるのだろうか。この点は企業家（アントレプレナー）の用語を広めたとして有名なシュンペーターの考えを紹介しておこう。

　シュンペーターは，企業家はもともとイノベーションを起こす素質を持った者であると述べ，先天的な能力と考えていたようである。仮に企業家になるか否かが先天的な才能であるとするならば，普通の人を企業家にする企業家教育よりも，企業家が新規事業を手掛けたり，起業しやすい環境を整えることが重要となる。

　シュンペーターは，企業・企業家は発明家である必要はなく，既存のものを組み合わせて市場に提供することも重要なイノベーションであると言う。この点は本章の冒頭のイノベーションの定義にも合致する。

　イノベーションが発明とは異なるという点は途上国の発展を促進するためにイノベーションが適用できるということでもある。例えば途上国の下水処理問題を解決するために，下水道ではなく合併浄化槽の技術を提供するなど，現地の事情，技術レベルに合わせた技術を適用することもイノベーションの一つである。

　もっとも，化石燃料を使わないエネルギーの活用や量子コンピュータの開発など，現在まだ十分な技術が存在していない分野もある。そうし

た分野では，イノベーションの前提として発明が必要となる。そして，それらの発明を社会に実装していく工夫としてのイノベーションも期待されている。

4.　現在考えられるイノベーションの可能性

（1）政府の優先課題
　日本政府は SDGs に関する 8 つの優先課題を以下のように提示している。

1.　あらゆる人々の活躍の推進
2.　健康・長寿の達成
3.　成長市場の創出，地域活性化，科学技術イノベーション
4.　持続可能で強靭な国土と質の高いインフラの構築
5.　省・再生可能エネルギー，気候変動対策，循環型社会
6.　生物多様性，森林，海洋等の環境の保全
7.　平和と安全・安心社会の実現
8.　SDGs 実施推進の体制と手段
　（文部科学省，2018b）

　また，2017 年に SDGs 推進本部により取りまとめられた「SDGs アクションプラン 2018」では，「SDGs のための科学技術イノベーション」を推進することが示されている。2018 年に公開された科学技術白書には，具体的なイノベーションの事例も紹介されている（文部科学省，2018a）。同白書には，「LED を超える省エネ社会」の創出や，『省エネ型海水淡水化・水再利用統合システム「Remix Water」』といった技術的なイノベーションに加えて，「女子中高生の理系進路選択支援プログラム」のような政策的なイノベーションも収録されている。

（2）政策イノベーション

前項で紹介した「女子中高生の理系進路選択支援プログラム」のような政策面で起こるイノベーション（政策イノベーション）は，近年注目を浴びている。なかでも，EBPM（Evidence Based Policy Making）と呼ばれる証拠に基づく政策決定や，その証拠を導き出す実験手法が重要である。

EBPM は，政策の根拠としてデータ・統計モデルにもとづいて政策決定を行う。そのためのデータとしては，既存の統計データに加えて近年利用可能になってきたビッグデータや社会実験の結果を用いる。政策決定の根拠として，個別の事例や経験則ではなく，証拠とモデルによる結果を利用する。

社会実験は，ある政策について政策決定をする前に，範囲や場所を限定して政策を実験的に導入し効果を測定する方法である。後述するランダム化比較実験とあわせて用いられることも多い。日本では国土交通省が，まちのにぎわいを創出するために仮設の歩道を設置したり自家用車から電車に乗り継ぐためのパークアンドライドの拠点を設置するなどの取り組みを行っている。

ランダム化比較実験は，類似するサンプルグループに対して別の施策を導入することで施策の効果を測定する方法である。通常は，何も施策を適用しないグループ（コントロールグループ）を設定し，施策を導入したグループ（対照グループ）との差を評価する。例えば，ある教育方法の効果を測定するために，その教育方法を実施するグループと，従来の教育方法を継続するグループを作成し両者の成績を比較する。ランダム化比較実験は以前から新薬の効果を評価するためなどに利用されてきたが，近年政策にもその手法が活用されるようになった。

社会実験，特にランダム化比較実験は，グループごとに適用する施策

を変える。例えば貧困状態にある子どもの生活を改善するために，ある
グループには補助金を支給し別のグループには支給しない場合もある。
このように人によって支援されるかどうかがランダムに決まるとする
き，それが道義的に許容されるだろうか。結果的に補助金の支給が有効
であり政策の全面的な導入が決定されたとしよう。その場合でも，実験
期間に補助金をもらえなかったグループの子どもたちの時間は戻らな
い。そうであれば，効果は定かではないもののとりあえず補助金を全員
に支給して，効果を測定したほうが良かったのだろうか。この場合，子
ども全員が補助金を受け取っているので，子どもたちの状況改善が補助
金によるものなのか社会全体の変化によるものなのかは判別できず，結
果的に政策効果を明らかにすることはできない。

　世の中には，プロジェクトとは関係がない何らかの理由で別の施策が
適用されている状況において，メンバーや成り立ち，地理的条件などが
似通っているグループ・地域を比較することもある。このような場合，
ランダム化比較実験と同様，グループごとの差異を定量的に比較評価で
きる。このような方法を自然実験と呼ぶ。自然実験はすでに導入されて
いる施策の効果を評価するために，新たに施策を実施する必要がない反
面，調査者が知りたい仮説を検証できるような政策設計になっていない
場合もある。なお，自然実験はグループごとに別の施策を適用すること
が社会的に許容されない場合などにも用いられる。

　SDGs に対する認識の広がりにより，SDGs の達成に貢献する活動に
は資金が提供されやすくなっている。しかし，途上国支援や先進国の貧
困支援などの活動資金や人的資源には限りがある。そのなかで，少しで
も効果の高い政策を導入するために実験を行うことは重要である。その
ため，限られた資源を有効に活用することは，道義的な懸念以上に重要
であろう。もちろん，実験の際に比較の基準となるグループの状況を意

図的に悪化させるような施策を導入してはならない。

（3）政策起業家

　病児保育のケアを行う NPO 法人フローレンスを 2004 年に設立し代表を務めている駒崎弘樹氏は，社会起業家として知られている。同氏は，自らの活動を「政策起業家」として位置づけている。

　政策起業家とは，「社会課題の解になるような小さな事業を立ち上げ，それをテコに制度を変える政策起業手法」（駒崎，2022, p.122）を利用する起業家である。

　政策提言を行う企業・団体は，シンクタンクなどとしてそれまでにも存在していたが，政策起業家の手法は，事業を実践し，その活動を政策化する形をとる。

　従来，NPO などの市民団体は，行政が担わない社会課題を解決する存在，あるいは政策提言そのものを目的として活動する存在として認識されてきた。それに対し，課題を解決しながらそれを政策へとつなげるという手法を明確にし，活動するのが，政策起業家である。このような存在の誕生は，対立関係として捉えられがちであった行政と市民団体の関係が 1990 年頃からパートナーとして認識されるようになった結果と評価できる。

本章の参考文献

エベレット・ロジャーズ（2007）『イノベーションの普及』三藤利雄訳，翔泳社

クレイトン・M. クリステンセン（2019）『繁栄のパラドクス 絶望を希望に変える
　イノベーションの経済学』依田光江訳，ハーパーコリンズ・ジャパン

国際連合広報局（2016）「我々の世界を変革する：持続可能な開発のため
　の 2030 アジェンダ」（外務省仮訳）https://www.unic.or.jp/activities/eco-
　nomic_social_development/sustainable_development/2030agenda/

文部科学省（2018a）「平成 30 年版科学技術白書」

文部科学省（2018b）「特集　SDGs（持続可能な開発目標）と科学技術イノベーショ
　ンの推進」https://www.mext.go.jp/b_menu/hakusho/html/hpaa201801/
　detail/1418488.htm.

駒崎弘樹（2022）『政策起業家―「普通のあなた」が社会のルールを変える方法』筑
　摩書房

学習課題

1. 効率化イノベーションと市場創造型イノベーションの違いを説明
　せよ。
2. 効率化イノベーションが雇用を増やさない理由について説明せよ。
3. 政策起業家の事例を調べよ。

8 | 貧困・飢餓・不平等

《**目標＆ポイント**》 貧困は SDGs の中心的な関心の一つである。それだけに問題は本章にとどまらず本書全体に関わっている。そのなかで本章は特に貧困の定義とその原因に着目する。人はなぜ貧困に陥るのか，貧困であることで失われることはなんなのか，特に子どもの貧困の場合には失われるものが大きいため，早急な解決が求められる。近年，貧困に関する実証研究が進み，事実・データに立脚した問題解決手法が試みられている。

　本章では，貧困をどう分析し，解決するのかに関する視点を提供した。
《**キーワード**》 豊かさ，貧困指標，ワーキングプア，ジニ係数，こどもの貧困

1. SDGs の関連目標解説

　本章と次章では，貧困・飢餓の問題と教育・労働の問題をそれぞれ扱う。貧困・飢餓の克服は，すべての安心して人に生きられる世界を作る取り組みである。教育・労働問題は，すべての人がより良く生きる力を得られるようにする取り組みと分類できる。これらの目標以外にもSDGs では，人に関わる問題を多く扱っており，生きられる場作りと生きる力の育成をめざしている。

　本章に関わる SDGs の目標は，目標 1（貧困撲滅）と目標 2（飢餓の終焉）である。

　　　目標 1：あらゆる場所のあらゆる形態の貧困を終わらせる
　　　目標 2：飢餓を終わらせ，食料安全保障及び栄養改善を実現し，

　　持続可能な農業を促進する

　目標 1 の第 1 のターゲットとして，「2030 年までに，現在 1 日 1.25 ドル未満で生活する人々と定義されている極度の貧困をあらゆる場所で終わらせる」ことが設定されている。ターゲット 2 では，対象が「各国定義によるあらゆる次元の貧困状態」であることを示しており，従来の絶対的貧困基準を超えた，貧困撲滅をめざしている。

　他のターゲットでは，社会保障の整備・経済手段の提供・インフラ整備など，貧困を終わらせるための政策・制度などの整備をも想定している。

　目標 2 は，食糧援助だけではなく，持続可能な農業の推進を軸とした飢餓に苦しむ人々の自立を支援する。これらの地域では「農業生産性の改善」（ターゲット 3），災害に強い「強靱（レジリエント）な農業」（ターゲット 4）を実現することを目標とする。

　ターゲット 2.c では，「食料価格の極端な変動に歯止めをかけるため，食料市場及びデリバティブ市場の適正な機能を確保するための措置を講じ」ることも提案している。

2.　貧困とは何か

（1）国の豊かさ

　国の経済状態を示すためには，GDP（国内総生産）が用いられることが多い。GDP とは一定期間内に国内で産み出された付加価値のことを言う。国同士を比較するためには，人口の差を考慮した一人当たり GDP がわかりやすい（表 8–1）。

　国同士の格差は，「下は 1 人当たり所得が月額 150–250 ユーロの地域（サブサハラ・アフリカ，インド）から，上は 2,500–3,000 ユーロの地

116

域（西欧，北米，日本）までの開きがある。つまり最高は最低の 10 倍か
ら 20 倍高い。世界平均は中国の平均とだいたい同じで，月額 600–800
ユーロ」である（ピケティ，2014, p.69）。これを 2020 年のデータで一人
当たり GDP が上位の国と下位の国を抽出して，検証したものが表 8–1
である。

　一人当たり GDP は国の豊かさを示す指標として適切なのだろうか。

表 8–1　GDP の国際比較（2020 年）

ランク	国名	一人当たり GDP（$）	人口（1,000 人）
1	シンガポール	99,681	5,990
2	アイルランド	93,350	4,946
3	カタール	89,961	2,760
4	スイス	71,745	8,638
5	アラブ首長国連邦	66,766	9,287
6	ノルウェー	62,644	5,379
7	デンマーク	60,229	5,825
8	オランダ	59,266	17,434
9	オーストリア	55,685	8,907
10	スウェーデン	55,064	10,368
11	ドイツ	54,844	83,328
22	日本	42,100	125,244
133	モザンビーク	1,297	31,178
134	ニジェール	1,288	24,333
135	ソマリア	1,245	16,537
136	中央アフリカ共和国	989	5,343
137	ブルンジ	771	12,220

出所：筆者作成。国連資料より人口 100 万人以上の国を抽出して作成した。

例えば，日本の GDP と一人当たり GDP は 1955 年から 2020 年の間に
53 万円から 419 万円と，およそ 11.4 倍になった（図 8–1）。それでは，
日本は 11 倍豊かになったと言えるであろうか。GDP はあくまでも 1 年
間の国の経済の動きの大きさを表しているのであって，必ずしも国の豊
かさを表していない。その理由として三つの根拠があげられる。

　まず，GDP はあくまでも一定期間の経済の動きを示す，すなわちフ
ロー指標であり，経済規模そのものを表すものではないことである。つ
まり国に十分な資産があれば人々はお金を稼ぐ必要は低いし，自然資本
が十分にあれば自然の恵で生きていくことができる。

　もう一つの根拠は，GDP が医療費のような防御的支出を含むことで
ある。防御的支出とは，人々の生活の利便性を損なわないようにする活
動や災害等の被害を埋め合わせるために使用する費用である。例えば，
事故が発生すれば，救急車が出動するし，医療費も必要になる。場合に
よっては車を修理したり買い替える必要もあるだろう。あるいは，気候

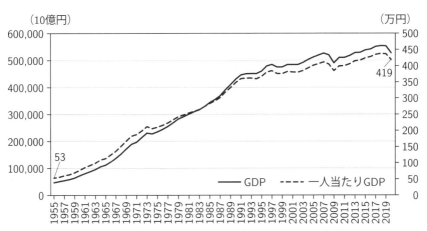

図 8–1　日本の GDP と一人当たり GDP の推移
出所：総務省統計局資料より筆者作成

変動問題の被害を防止するために日本では防波堤の嵩(かさ)上げが行われている。これらの費用は，いずれも人々を豊かにするものではなく，被害を救済・防止するために使われている。しかし，これらの活動から発生する付加価値は GDP に加算される。

　最後に，そもそもたった 1 つの数字で国の状態を表すことはできない。GDP はあくまでも一年間の経済の動きを把握するために作成されているものであり，豊かさを示すことを目的として使用されてはいない。それにも関わらず，GDP が国の経済成長目標のような形で使用されているのは，他のストック指標などと比べて把握が容易だからである。

（2）格差：ジニ係数

　豊かな国でも貧富の差が極端であれば，その国の低所得層は幸せとは言えないだろう。また，国が貧しくても，国民みんなが貧しいのであれば，諦めもつくかもしれない。ある国の所得分布がどの程度公平かを表す指標としてジニ係数が用いられる。ジニ係数は，0〜1 または 0%〜100%の値をとり，完全に平等のときに 0 となる。また，不平等の度合いが大きくなるにつれて 1（100%）に近づく。

　表 8–2 はジニ係数の高い国と低い国をそれぞれ 10 カ国ずつリストしたものである。ジニ係数の高い国々は，南アフリカの 63%を筆頭にナミビア，ザンビアなどのアフリカ諸国が続く。またコロンビアやブラジルなどの中南米諸国もジニ係数が高い。ジニ係数が低い国はスロバキア共和国の 23.2%が最小でスロベニア，ウクライナ，ベラルーシなどの旧東側諸国が低い。西側諸国ではアイスランドが 26.1%が最小である（国際連合，2023）。

表 8-2　ジニ係数ランキング

上位 10 カ国		下位 10 カ国	
国	ジニ係数	国	ジニ係数
1　スロバキア	23.2	1　ベリーズ	53.3
2　ベラルーシ	24.4	2　ボツワナ	53.3
3　スロベニア	24.4	3　モザンビーク	54.0
4　アルメニア	25.2	4　コロンビア	54.2
5　チェコ	25.3	5　エスワティニ	54.6
6　ウクライナ	25.6	6　中央アフリカ	56.2
7　モルドバ	26.0	7　ザンビア	57.1
8　アラブ首長国連邦	26.0	8　スリナム	57.9
9　アイスランド	26.1	9　ナミビア	59.1
10　アゼルバイジャン	26.6	10　南アフリカ	63.0

出所：国際連合（2023）より筆者作成。調査年は国によって異なる。

（3）貧困の定義

　現代社会の問題として，貧困や格差はよくとりあげられる。それぞれ
どういう状態で，どんな対策が可能であるか説明できるだろうか。
　まず，貧困は次のように定義されている。

　　　貧困とは，教育，仕事，食料，保健医療，飲料水，住居，エネル
　　ギーなど最も基本的な物・サービスを手に入れられない状態のこ
　　とです。極度の，あるいは絶対的な貧困とは，生きていくうえで
　　最低限必要な食料さえ確保できず，尊厳ある社会生活を営むこと
　　が困難な状態を指します。（国連開発計画，2023）

　基本的な物・サービスはお金さえあれば入手できると仮定して，この
定義を「望ましい生活を実現するための所得が足りない状態」と考えて

みよう。所得がどれぐらいであれば貧困と言われるのだろうか。まず，貧困基準には絶対的貧困と相対的貧困の2種類がある。

人々が貧困であるかどうかを把握するために，世界共通の基準として1990年に世界銀行が中心となって設定した世界貧困ラインがある。世界貧困ラインは，1日1.90ドル以下で生活する人のことを言う。なお，貧困ラインは物価の上昇に伴い，2005年には国際貧困ラインが1日1.25ドルに変更され，2015年からは1日1.90ドルに設定されている。

SDGsでは世界貧困ライン以下で生活する人のことを「極度の貧困状態にある人」と呼んでいる。なお，極度の貧困状態にある人のことを一般には絶対的貧困と言う。世界人口に占める極度の貧困状態にある人は，2019年には7億8,000万人である。

極度の貧困ラインの少し上に属する人々も多い。貧困ラインはあくまでも絶対的貧困を測るための便宜的な水準でしかない。貧困ラインの少し下と上で劇的に生活が変わるわけではないし，貧困ラインを超えたから一気に所得が増加する経路に乗るわけでもない。近年はCOVID-19の影響により所得が減少し，一度貧困ラインを超えていたにも関わらず，再び極度の貧困状態に戻る人が多いことが懸念されている。

絶対的貧困に対して，集団のなかで所得が低い方であることを示す水準として相対的貧困水準がある。相対的貧困水準は，所得の中央値の二分の一よりも低い所得のことである。このような所得水準にある人々のことを相対的貧困状態にあると言う。日本の場合，2018年時点での相対的貧困に相当する所得は127万円以下である[1]（厚生労働省，2020）。

なお，所得の中央値とは，対象となる人を所得順に並べたときに，中

1) 日本の場合，厚生労働省が3年毎に実施している国民生活基礎調査を基準として用いている。

また貧困線の対象となる所得は，等価可処分所得である。等価可処分所得は，家計の所得から税等を差し引いた可処分所得を，さらに世帯人数の平方根で割ったものである。これは，家計の世帯人員による暮らし向きへの影響を考慮するためである。次で説明する所得の中央値（440万円）とは基準が異なる。

心に位置する人のことである。所得の場合など，分布が偏っている場合には，平均値よりも中央値を使用するほうが望ましいと言われている。例えば，日本の世帯所得金額の中央値は 440 万円である。これに対して，平均所得金額は 564 万 3,000 円で，平均所得金額以下の世帯は全世帯の 61.5％と 50％を超えている（厚生労働省，2020）。つまり，日本の場合は高所得世帯が全体の平均値を引き上げており，実際には半分以上の世帯が平均所得以下の所得である。そのため，日本の標準的な世帯所得を把握する目的であれば，中央値の方が実態に即している。

　貧困を所得以外の状態で捉える考えもある。1998 年にノーベル経済学賞を受賞したアマルティア・センは絶対的貧困あるいは相対的貧困の定義に用いられる単純な貧困線だけでは貧困を捉えるのに不十分であると言う（セン，2018）。

　単純な貧困線を引くことで見える「貧困」は貧困線上あるいはそのわずか下の所得を得ている人々であり，貧困線を大幅に下回る所得で暮らす人のことは見えない。また，貧困線以下にある人がどのような分布をしているかも見えない。具体的に貧困撲滅のための政策を実施するならば，単純な貧困線よりも進んだ指標が必要となる。

　確かに，センが主張するように貧困は所得だけでは把握できない。国連開発計画でも，人間開発指数（HDI: Human Development Indicator）や次のような多次元貧困指数（MPI: Multidimensional Poverty Index）を用いて貧困状態を把握している。

　　世帯単位で，多次元貧困を構成する各項目に該当するか否かを判断し，該当する場合には項目に応じて重み付けされた点数を加点していく。合計点が基準値以上の場合に「貧困世帯」と定義される。最終的には，貧困下にあると定義された世帯数と世帯別得点

を用いた計算により，各国の MPI 指数を算出し，国家間の比較を行うことが可能な単一指標とする（内閣府政策統括官，2017）。

多次元貧困指数は，国別に貧困世帯がどの程度存在しているのか，国別にどのような貧困が存在しているかを見るために適している。一方で，各国のなかで貧困世帯がどのように分布しているか，具体的にどのような困難に直面しているかを見ることはできない。

（4）貧困とはどういう状態なのか

貧困をより当事者が置かれている状態から定義したものが，ケイパビリティアプローチと呼ばれる観点からの定義である。この立場によると，貧困とは「受け入れ可能な最低限の水準に達するのに必要な基本的な潜在能力が欠如した状態」（セン，2018, p.172）である。貧困とは単なる低所得ではなく，ある国や社会でその人が置かれた状態，その人の持つ潜在能力によって決まる。

この考えからするならば，日本の学校の制服やランドセルを買えない世帯は，絶対的貧困ではないかもしれないが，子どもが社会で教育を受け潜在能力を発揮する制約を抱えている。当然ながらランドセル問題は登下校に自由なバッグ類を使用してよい国や地域では問題にならない。つまり，それぞれの社会で同じような所得水準にあっても，潜在能力が奪われるかどうかは変わる。

（5）貧困や格差の何が問題なのか

貧困とは何かを定義することはこれまでに見たように難しい問題である。

そもそも，貧困が存在することの何が問題なのだろうか。現実に国や

世界全体の人々の所得・生活水準を完全に同じにはできない以上，個人間の所得の差は必ず生まれる。おそらく，相対的貧困が数十年以内になくなることもないであろう。一方で，絶対的貧困を撲滅することは可能であろうし，世界もその実現をめざして行動している。だが，なぜ各国の予算を使って，貧困を撲滅しなければならないのだろうか。

　貧困の解消をめざす根拠は，人道的理由と社会費用からの理由の二種類ある。

　まず，貧困状態にある人は，センが言うように選択肢を奪われた状態にある。幼少期に選択肢が奪われていると感じると将来の希望を失うものも多い。同じ人間としてこのような状態が存在することを看過できるであろうか。「人として生まれた人は誰もが生きる心配をせず，よりよく生きることができるべきだ」という価値感がある。総論としてこの価値観に反対する人はいないだろう。この考えからは，貧困は「格差が存在する中でも，社会の中のどのような人も，それ以下であるべきでない生活水準，そのことを社会として許すべきではない」という基準として定義できる（阿部，2008，はじめに）。この定義によれば，「選択肢が奪われている」状態に加えて，それを社会が「許しがたい」と考えることが必要である。そして「許しがたい」水準は時代や社会によっても変化するため，それがどのようなレベルにあるかを一意に言うことは難しい。この点は，貧困撲滅のための政策の導入を難しくしている。一方で，やや機械的に思える絶対的貧困ラインについては，少なくとも世界全体で合意できる最低水準を設定するという意義もある。

　現在貧困でない状態にあるとしても，ビジネスの失敗，病気や事故などによって貧困状態に陥る可能性は誰にもある。つまり，他人の貧困を見過ごすことは，自分が貧困に陥ったときに誰からも助けてもらえないことも意味する。

　一方，社会費用からの理由は，次のようなものである。すなわち，ある人が貧困状態にあることは，その人が本来可能な生産を行えないことを意味し，社会全体の生産に貢献していないことである。つまり，この人が適切な生産を行える環境を整えることができるならば，世界はそれだけ多くの生産物を得る。それゆえ，貧困・格差が著しい場合，社会全体に損失をもたらすため，これらの撲滅は社会全体のメリットになる。日本の若者一人についての試算によると，貧困であり続けることにより社会保障給付などの支出と貧困から抜け出て社会に付加価値をもたらすことの合計金額は1億円を越える可能性がある（阿部，2014, p.25）。

　前者の考えからは，看過できない水準の貧困をなくすことを優先し政策コストはあまり意識されない。人命に価値をつけるべきではないという考え方と同様である。後者の考えからは，貧困にある人を救うことの費用と救われた人が社会に貢献する便益を比較して，あまりに費用が高ければ，その貧困は放置してもよいことになる。なお，現実にはこの両極端のどちらかだけで意思決定が行われるわけではなく，両者の間のどこかを意識しながら，意思決定が行われるだろう。人命尊重と費用便益をどのあたりでバランスをとるのかは，国や地域，時代によって異なる。

3. 貧困の原因

（1）なぜ貧困に陥るのか

　貧困の定義が難しいように，なぜその人が貧困になったのかも多種多様で特定は難しい。

　途上国では，そもそも国自体が貧しく，所得の中央値そのものが低い場合もある。特にこれらの国の農民や都市の低所得層は非常に貧しい暮らしを送っている。ただし，このような国々でも絶対的貧困あるいは相対的貧困状態に居続ける人とそこから脱出する人はいる。

　国の所得が低い国では，国が貧しいだけではなくセーフティネットの不備も貧困の大きな原因となる。災害時の保険や病気に対する保険の加入率が低いため，それまで自分の土地を持ち，ぎりぎりならも生活できていた農民が，一つのアクシデントで土地を手放さざるを得なくなり，貧困に陥る。

　日本でも，低所得・失業などの経済構造，子育てなどによる生活の変化，病気や保証相手の倒産などさまざまな要因で貧困へと陥る。それゆえ，「貧困は予防できるように見えるが予防しにくい面がある」とされている。ただし，低学歴・単身・離婚・複数回の転職に該当する人は貧困に陥りやすい傾向があるとされている（岩田，2007）。

　これらのことを合わせて考えると，大多数の貧困は自己責任ではなく，個人が制御できない要因によって生まれていることが推察される。また，一部の自己責任による貧困をとりあげて「貧困は救済すべきではない」と主張することは，大多数の自己責任ではない人の状況を放置することにもなりかねない。むしろ，一部の「ずるい人」が得をしても，本当に困っている人を支援できるのであれば，その政策は支持されるべきとも言える。

（2）貧困の罠

　貧困は一度入り込むと，自力では抜け出すことが難しい「貧困の罠」が存在すると言われている。

　貧困状態にある人の状況が改善しないのは，本人の努力が足らないからだという主張がある。しかし，さまざまな事例研究からは，そのような例はごく一部で，大半はまじめに生きている，あるいは生きようとしているが，貧困から抜け出せない状況が紹介されている。もう一つ，可能性があるのが，努力しても貧困から抜け出せないと諦めてしまってい

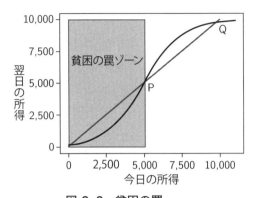

図 8-2　貧困の罠
出所：筆者作成

ることである。

　実際，先進国が貧困改善のプログラムを提供したとしても，それを利用しようとしない人が多いことは知られている。貧しい人々の多くは，それらのプログラムを利用しても状況が改善しないと諦めている（バナジー，デュフロ，2012）。

　人々が努力をしないのは，貧困の罠[2)]が存在し，それを貧しい人が認識している場合だ。図 8-2 は横軸に今日の所得，縦軸に翌日の所得をプロットしたものである。図の P 点の左側が貧困の罠ゾーンで，人々の一日の所得が点 P の左側にあるとき，この人の翌日の所得は今日よりも少ない。つまりこの人の場合は，今日まじめに働いても，翌日の所得は今日よりも少なくなる。そして，日が経つにつれてどんどん貧しくなる。たとえ一時的に援助を受けても，P 点の左側にいる限り，貧困から抜け出すことはできない。

　貧困の罠のような状況が生まれることを理解するために，利益から材料を購入し，それを販売して収益を得ている人のことを想定してみよう。

---

2)　日本では，所得を得て生活保護から外れると，社会保障や税の減免がなくなるため，むしろ生活水準が下がる場合がある。日本ではこれも貧困の罠と言われている。本書とは別の概念であるため，混同しないようにしたい。

　ある人は援助で得た 5,000 円で市場から購入した野菜を販売して 6,000 円の収入を得た。ここからその日の生活費 1,500 円を差し引いた 4,500 円が次の日の仕入れ料金になる。翌日は 4,500 円で仕入れた野菜を販売して 5,400 円の収入となる。3 日目の仕入れ代金は 5,400 円 − 1,500 円 = 3,900 円である。

　この例のように，生活をまかなうのに不十分な収入しか得られないと，少しずつ援助で得た資金が減少していく。このような状況を認識している場合，貧しい人が努力を諦めてしまうのは当然だ。

　そこで，援助や融資などによって P 点の左側にいる人々の状態を変化させることが試みられる。これが，貧困を解消するための方法である。

　この人の場合，5,000 円の援助ではなく，貧困の罠を脱するのに十分な金額を提供する必要がある。例えば，より収益率の高い漬物を生産する設備の購入に必要な 1 万 5,000 円を提供する。あるいは，より買値の高いことが期待できる遠方の市場に商品を運ぶための自転車の購入に必要な 1 万 5,000 円を提供する。このことにより，一日当たりの利益が生活費を超え，生活が改善していく。

　では援助や融資がどの程度の規模であれば，貧困の罠を抜け出すことができるだろうか。この答えは「ケースバイケース」であり，その人が暮らす地域の気候，市場の状況，受けてきた教育などによって異なる。そのため，すべての貧困を解消する処方箋は存在せず，個別に詳しく見て対応していく必要がある（バナジー，デュフロ，2012, p.32）。

　実際に途上国の貧困者の個別事情を精査して，支援を行っているのが，マイクロファイナンスである。マイクロファイナンスでは，従来の金融機関が貸付を検討すらしなかった貧困層に対して，少額の貸付をする。マイクロファイナンスから資金を借りた人は，例えば牛や鶏を購入したり，野菜の加工道具を購入するなど，収益を改善するための投資を

行う。このように，資金を借りて投資を行うことで，その日暮らしの生活から，貧困の罠から脱して，所得・生活が継続的に向上していくようになる。

4. 貧困の諸問題

（1）セーフティネット

　人が貧困に陥ることを防ぐ，あるいは貧困状態にある人が最低限でも生活が成り立つように支援する制度がセーフティネットである。セーフティネットには国や自治体などが提供する制度としての公的なセーフティネットと，地域社会が備える相互扶助的なセーフティネットがある。公的なセーフティネットは，例えば日本では，雇用保険（失業手当）や生活保護制度，児童手当制度など，さまざまな制度が整備されている。

　現在整備されている公的なセーフティネットが十分かという評価は貧困の定義と同様「どの程度が許されないか」という価値判断が強く影響している。制度を手厚くするためには，貧困に対する社会的関心を喚起する必要がある。

　途上国においては，公的な制度によるセーフティネットが十分に整備されておらず，貧困に陥りやすい，あるいは一度貧困状態になると生存すら困難になる。そのため，相互扶助的なセーフティネットが重要な役割を果たしている。

（2）ワーキングプア

　途上国の貧困は，本書でも他の部分で言及しているため，本項では，先進国の貧困について紹介する。貧困を克服したと思われている先進国においても相対的貧困は存在する。また，社会保障によるセーフティネットに何らかの理由でかからないことで生存が困難なレベルの貧困に

苦しむ人も多い。

　先進諸国の多くの地域における貧困は主に失業を契機として起こっている。それに対して，日本の場合，シングルマザーの貧困に見られるように，仕事はあるが貧困であるといういわゆる「ワーキングプア」に起因する例が多い（阿部，2008）。その意味で，日本の貧困解決には，労働環境の改善が不可欠である。

　日本では，ワーキングプアの問題は 2006 年に NHK が「NHK スペシャル　ワーキングプア～働いても働いても豊かになれない～」というタイトルで「新たな貧困」問題として，ワーキングプアの問題を取り上げて以降，関心を集めるようになった。ワーキングプアは，「生活保護水準以下で暮らすまじめに働いても豊かになれない」状態にある人のことを意味する（NHK スペシャル『ワーキングプア』取材班，2010）。ワーキングプアの問題は米国でも同様の問題が認識されているし，低所得層の貧困問題は近代以前の社会では普通に存在した。産業革命後の近代社会でも例えばイギリスの工場労働者の劣悪な生活環境などは認識されてきた。

　世界では 2015 年において，世界の労働者とその家族の 10%が，1 人 1 日 1.9 ドル以下で生活していた。特に 15～24 歳の若者がワーキングプア（仕事があるのにも関わらず，貧困に陥っている状態）である可能性が最も高く，若者の労働者のうち 16%が貧困ライン以下で生活している。サハラ以南のアフリカでは全労働者の 3 分の 1 が，南アジアでは 18%以上の労働者が，ワーキングプアであった。

　従来，貧困は「高齢や病気，障害などで働けない人や怠けて働かない人」に関連するものであると考えられていたのが，「まじめに働いているのに，なお貧しい」ということがあることに注目が集まった（岩田，2007, p.17）。現代のワーキングプアは，日本においては，高度経済成長

期の過程で貧富の差が縮小し「平等な」社会が実現していると多くの人が認識する影で進行していた問題と言う意味で，従来から存在した貧困問題と異なる。例えば大学を卒業した人も何らかのきっかけでワーキングプアになりうるという点でも身近な問題として認識された。

（3）子どもの貧困

　子どもの貧困は，日本では阿部が 2008 年に『子どもの貧困』（岩波新書）を著して知られるようになった。同書で，阿部は子どもの貧困の問題を次の図 8–3 を用いて説明している。子ども時代の貧困は，教育機会を奪い，その結果，望ましい職を得ることができず，所得が低くなり，結果として低い生活水準をもたらすと考えられている。しかし，阿部の

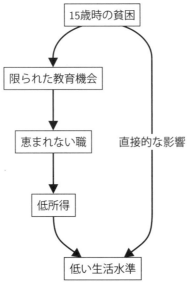

図 8–3　貧困の連鎖
出所：阿部（2008，p.24）をもとに筆者作成

調査では，このようなサイクルに加えて，15 歳時の貧困が成人してから
の低い教育水準をもたらす可能性が明らかになった。このことは，貧困
に苦しむ子どもに後天的にサポートを与えても，子ども時代の貧困の影
響を払拭できない，すなわちそもそも子どもを貧困状態に置くこと自体
が問題であることを意味する。

　また，この子ども時代の貧困は大人になってから「低い生活水準」を
もたらすが，さらにその子は，生まれながらにして貧困となり，大人に
なってからも低い生活水準になる可能性が高い。すなわち，貧困が再生
産される，あるいは貧困という階級が生まれる。

　子どもの貧困状態を把握するために，内閣府が調査を実施している。
「令和 3 年度 子供の生活状況調査」では，世帯収入の水準や親の婚姻状
況が子どもに与えている影響，欠乏状態，学習状況などが明らかになっ
ている。同調査は今後も継続されるようであるので，調査に基づいた政
策策定が行われることが期待される。

　図 8–4 は，同報告書から抜粋した中学生の世帯状況による授業の理解
度である。所得の中央値以上の世帯と中央値の半分以下の世帯，ふたり
親世帯とひとり親世帯で，子どもの理解度に違いがあることがわかる。
またこの後の設問で授業がわからなくなった時期として，中学に入って
からが 70％以上を占めている。中学に入り授業の難易度が上がるとと
もに，自分の力だけでわからないことを解決することが難しくなること
を示しているようだ。このように世帯の状況によって授業の理解度が変
わることは，中学以降の教育水準にも大きな影響を与えることが予想さ
れる。

　ひとり親世帯の解決方法を考える際には，雇用の確保，ワークライフ
バランスの改善等がまず想起される。しかし，ひとり親世帯の親が子ど
もの幼少期に十分なキャリアを獲得できなかったことや非正規の職員と

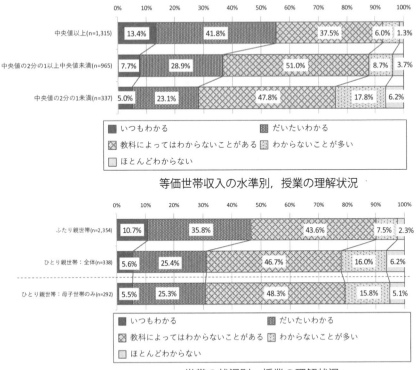

等価世帯収入の水準別，授業の理解状況

世帯の状況別，授業の理解状況

図 8-4　家庭状況と授業の理解度
出所：内閣府（2017）

ならざるを得ない傾向が強いことなどを考慮すると，単純な方法では解決は進まない。まずは十分な訓練機会の提供とその期間の所得を保証することが必要ではないだろうか。この点は，3-（2）で解説したとおり，ひとり親世帯が貧困の罠を抜け出すだけの投資が必要である。

本章の参考文献

アビジット・V. バナジー，エステル・デュフロ（2012）『貧乏人の経済学　もういちど貧困問題を根っこから考える』山形浩生訳，みすず書房

アマルティア・セン（2018）『不平等の再検討　潜在能力と自由』池本幸生訳，野上裕生訳，佐藤仁訳，岩波書店

トマ・ピケティ（2014）『21 世紀の資本』山形浩生訳，守岡桜訳，森本正史訳，みすず書房

NHK スペシャル『ワーキングプア』取材班（2010）『ワーキングプア日本を蝕む病』（ポプラ文庫），ポプラ社

内閣府政策統括官（2017）「子供の貧困に関する新たな指標の開発に向けた調査研究報告書」.

厚生労働省（2020）「2019 年　国民生活基礎調査の概況」

国際連合（2023）UN data A World of Information, https://data.un.org/

国連開発計画「貧困とは」http://www.undp.or.jp/arborescence/tfop/top.html（2023 年 6 月 11 日参照）

国際連合広報局（2016）「我々の世界を変革する：持続可能な開発のための 2030 アジェンダ」（外務省仮訳）https://www.unic.or.jp/activities/economic_social_development/sustainable_development/2030agenda/

岩田正美（2007）『現代の貧困─ワーキングプア／ホームレス／生活保護』筑摩書房

阿部彩（2008）『子どもの貧困──日本の不公平を考える』岩波書店

阿部彩（2014）『子どもの貧困 II ──解決策を考える』岩波書店

学習課題

1. さまざまな貧困の定義についてまとめよ。
2. 貧困の罠とは何か，説明せよ。
3. 子どもの貧困はなぜ解決されるべきなのか，説明せよ。

9 | 教育と労働

《**目標＆ポイント**》 貧困を解決するためには，人々が社会で生きていけるスキルを身につけることと，スキルを活かせる場を作ることが必要である。

　教育は，国の生産性を向上させることと，個人の所得を向上させ自己実現の能力を高めるという二つの意義が期待されている。これらの期待が妥当であるか，本章では解説を行う。

　労働は人々がスキルを活かす場であるが，技術発展のなかで多くの職が失われつつあると同時に職を得ても十分に生きていけない状況も生まれている。本章の後半では労働の現状と改革の方向性について紹介する。

《**キーワード**》 教育，リスキリング，ラッダイト運動，ディーセント・ワーク

1. SDGs の目標

　本章に関わる SDGs 目標は目標 4 と 8 である。そのうち主要なものは以下のとおりである。

　　目標 4：すべての人々への，包摂的かつ公正な質の高い教育を提
　　　　　　供し，生涯学習の機会を促進する

　4.1　2030 年までに，すべての子どもが男女の区別なく，適切か
　　　　つ効果的な学習成果をもたらす，無償かつ公正で質の高い
　　　　初等教育及び中等教育を修了できるようにする。

　4.3　2030 年までに，すべての人々が男女の区別なく，手頃な価
　　　　格で質の高い技術教育，職業教育及び大学を含む高等教育

への平等なアクセスを得られるようにする。

4.4　2030 年までに，技術的・職業的スキルなど，雇用，働きが
　　　いのある人間らしい仕事 及び起業に必要な技能を備えた若
　　　者と成人の割合を大幅に増加させる。

4.5　2030 年までに，教育におけるジェンダー格差を無くし，障
　　　害者，先住民及び脆弱な立場にある子どもなど，脆弱層があ
　　　らゆるレベルの教育や職業訓練に平等にアクセスできるよ
　　　うにする。

目標 8：包摂的かつ持続可能な経済成長及びすべての人々の完
　　　　全かつ生産的な雇用と働きがいのある人間らしい雇用
　　　　（ディーセント・ワーク）を促進する

8.5　2030 年までに，若者や障害者を含むすべての男性及び女性
　　　の，完全かつ生産的な雇用及び働きがいのある人間らしい
　　　仕事，ならびに同一労働同一賃金を達成する。

　まず，SDGs の目標 4 は教育に関するものだ。この目標は，対象とし
て子ども・大人，システムとしてアクセス，内容として持続可能な開発
に関する教育という構造になっている。

　子どもへの公平性の高い教育を提供すること，大人には人間らしい仕
事につくための技能を提供すること，そして教育へのアクセスを改善す
ること，最後に持続可能な開発を促進するための教育である。

　このうち，最後の持続可能な開発の促進はいわゆる ESD（Education
for Sustainable Development，持続可能な開発のための教育）として，
以前から取り組まれてきている。

　目標 8 は，経済成長の実現と働きがいのある人間らしい雇用の促進を
めざす。このうち，本章では後半の雇用・労働に関する取り組みを取り

上げる。人間らしい雇用には，強制労働・児童労働の排除なども含まれている。

2. 教育の効果

（1）教育に期待される効果

　貧困の解決が人が生きられる場を作ることであるのに対して，教育・労働はそうして作られた場で生きる力を身につけるものである。教育は教育を受ける機会を提供することに加えて，より質の高い教育を提供することが求められるようになっている。労働も近代経済学がめざしてきた「完全雇用」モデルからさらに進んで，「働きがい」がある仕事，「人間らしい」仕事をいかに作り出すかが求められる。

　教育には，子どもへの教育と成人してからの再教育が含まれる。「働きがいのある人間らしい仕事及び起業に必要な技能を備えた」教育と変化する労働市場に対応できる技能を獲得する機会を提供することをめざしている。

　教育に期待される効果は大きく分けて2つある。国の発展と個人の所得向上である。

　教育により労働者のスキルが向上し，労働生産性が改善することで国が発展する。平均的な教育水準の向上が国の発展をもたらすのであれば，各国政府は教育水準の向上に公的資金を投入することをためらわないだろう。図9–1は，一人当たりGDPと国の教育支出の関係，図9–2は一人当たりGDPと平均教育年数の関係をプロットしている。この2つの図からは，一人当たりGDPが高い国ほど，国の教育水準が高くなることがわかる。それでは，GDPが高い＝豊かになったから教育に投資をするのか，教育に投資をしたからGDPが高くなったのか，いずれであろうか。

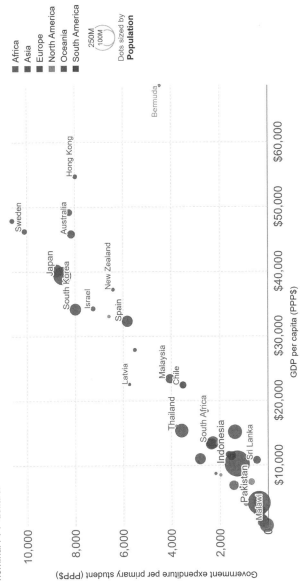

図 9–1　一人当たり GDP と小学生一人当たりの政府教育支出
出所：Our World in Data（2023）

Source: Data compiled from multiple sources by World Bank

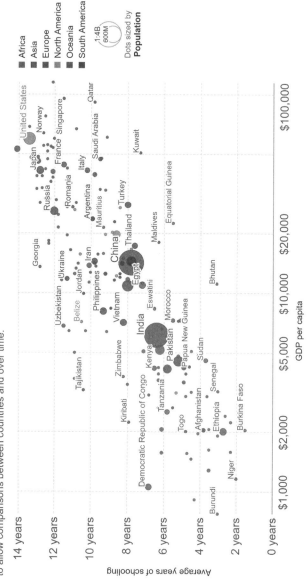

図 9-2　一人当たり GDP と教育年齢
出所：Our World in Data（2023）

　イースタリーは，国の教育水準が改善することにより GDP が増加するなどの影響は見られないと指摘している（イースタリー，2003，第 4 章）。筆者は，教育が国の発展にあまり効かないことの説明は次のようなものではないかと考えている。すなわち，国の発展とともに効率化イノベーションが働いて労働者の賃金が低下していくため，教育水準の向上による生産性向上が賃金低下のスピードに追いつかないのではないか。つまり，教育による経済成長の効果はあるが，他の要因に埋もれて識別できない。

　国の発展の結果，人々の意識が向上し，教育水準も向上するという逆の因果関係はどうであろうか。この因果関係は，図 9-2 を見る限り妥当であるように思える。

　現状では，教育が先か経済成長が先かという問題について既存研究からは，どちらも一定程度妥当であるという答えしか導けない。

　一方，個人の所得向上については，学歴の違いが生涯所得の差をもたらすことがどの国でも観察されている。第 8 章 2-(5) でも紹介したが，若者一人が貧困状態で生きることと貧困を抜け出すことの差は 1 億円に上るという日本の試算がある（阿部，2014，p.25）。アメリカの事例では，高校卒業と大学卒業では，収入に 1.6 倍の差が出ている（ブラッドリー，2010，第 10 章）。この結果，低学歴の人の方が貧困に陥る確率が高い。

　教育水準の向上が個人の所得を向上させるのには，いくつか理由がある。まず最初に考えられるのは，教育によりスキルや社会性が培われることである。次に，学歴を得ることで，企業側が労働者を選別する結果，学歴が高い人の方がより高い収入を得ることがある。

　それでは，教育水準は何によって決定されるのであろうか。まずは個人の資質・意思が考えられる。次に本人を取り巻く家庭や社会環境の影

響がある。家庭や社会環境が子どもの教育を促進するようなものでな
かった場合，子どもは自らの能力を開花させるために必要な教育機会を
獲得できない。また，そのような環境にある子どもは，教育を受けない
選択をしがちである。総じて，教育水準の決定は個人の資質以外のもの
で決定されることが多い。子どもの教育を促進しないような環境とは，
貧困家庭やそのような家庭が多く住む地域である。前者では保護者もま
た低学歴であることが多いことが知られている。

　これらの結果として，低学歴の人は貧困に陥る割合が高いし，貧困家
庭に生まれ育った人は低学歴で教育を終える傾向があり，その結果貧困
に陥る傾向が大きくなる。

（2）教育を受けるモチベーション

　労働が個人の期待所得を上げるとしても，実際に子どもが教育を受け
ることにはいくつか障害がある。ここではそのうち，親の誤解，未来へ
の低い期待，質の低い教育環境を取り上げて紹介する。

　教育投資は初等教育よりも中等教育・高等教育の方が教育効果が高い
と思われることもある。初等教育だけで教育を終えるのであれば，教育
投資の効果はほとんどないため，小学校に通わせるより労働をさせたほ
うが得だということだ。そのため，長期的視点に立った行動をとれない
親は子どもを初等教育に通わせることをやめてしまう。特に初等教育に
対する投資効果は女児の方が低いと思われており，女児の就学への障害
の一員になっていた。しかし実はこの初等教育とそれ以上の教育で投資
効果が異なるということは誤解であり，実際には投資効果は，教育年数
に比例して現れる（イースタリー，2003，第4章）。初等教育の1年と中
等教育以上の1年では，同じだけ年収を押し上げる効果がある。ただ，
事実がそうであっても，途上国に暮らす人々が持っている教育のイメー

ジが事実と異なっていれば，途上国の人々は子どもを初等教育に行かせ
ない選択をするであろう。

　社会環境は子どもが教育を受ける意欲にも影響する。差別の問題や前
章で紹介したワーキングプアの問題を子どもが知り，「教育を受けても
意味がない」と子どもが感じると教育を受ける意欲は失われるだろう。
「がんばっても豊かになれそうにない」と子どもが感じて人生を諦めて
しまうと，政府や NGO が教育機会をいくら提供しても子どもは教育を
受けようとしない。

　例えば，筆者が調査を行っているタイの山岳民族の若者の多くは，教
育を終えて街に出て働くと，レストランの下働きや街の清掃業務などに
従事する。これらの仕事は非常に低所得で休みもほとんどない過酷な仕
事であるが，他に就ける仕事がないのだと言う。それ以外の仕事に就き
たければ，かなりの努力をして奨学金を得て大学を出て就職するしかな
い。普通に生きるためには，高等学校を卒業することに加えて，大学に
行き卒業する努力をしなければならない。山岳民族の平均的な家庭状況
や本人の意欲を考慮するとハードルがかなり高い。これも貧困の罠と同
じような S 字カーブが想起される。

　低所得層が貧困から脱することは，簡単ではない。民族的な差別や，
男女間の差別が存在する場合には特にそうである。一般に低所得層は失
業者，非正規雇用などの人々からなる層である。しかし近年，有業者で
あったりダブルワークをしている人であっても，非常に低い所得しか稼
げない人々，すなわちワーキングプアが存在することが知られるように
なった。ワーキングプアには大学卒の人も含まれている。そのため，子
どもたちは「勉強しても稼げるようにならない」という信念を持ちかね
ない。そうなれば，子どもたちは努力するインセンティブを失う。

　三点目の質の低い教育については，上記 2 つの問題を合わせて，20 年

前の書籍ではあるが，次のような学校現場が報告されている。

> 将来に投資するインセンティブがなく経済が停滞している国で
> は，生徒は授業中にだらけていたりサボっていたりするし，親は
> こどもを学校からやめさせて畑で働かせ，教師は生徒の子守に堕
> して時間を浪費することになる。(略) ブラジルのビラ・ジュンケ
> イラでは，「公共教育は崩壊した。ずっと教師が居ない。校長も優
> 秀な教師もいなければ，安全も衛生状態も悪い」と人々はインタ
> ビューに答えた（イースタリー，2003, p.114）。

　現在の日本でも学級崩壊する学校現場などについて報道がなされてお
り，子どもが安心して適切な教育を受けられる環境ではない学校は多く
存在する。このような学校で，質の高い教育を受けることは期待できな
いし，子どもの意欲が向上することも期待できない。

　世界ではこのような公共教育の現状を改善する試みが続けられてい
る。取り組みを評価するために，近年では第7章4-(2)で紹介したラン
ダム化比較実験が用いられるようになっている。

　実験で成果を上げたことが確認されている取り組みをまとめると，指
導要領の消化に縛られずに子どもの基礎能力に焦点を絞ることがまず
大切である。また，これらの指導は能力が高い教員である必要はなく，
10日程度の研修を受けた大学生程度でもこなすことができることであ
る。さらに，進度別のクラス編成などを導入し，遅れている子どもが基
礎能力の獲得に集中できる環境を整えることである。また，これらの授
業を実現するために教師ではなく，コンピュータのプログラムを使う方
法も試みられており，成果を上げている（バナジー，デュフロ，2012,
p.139）。

3.　労働

　SDGs には,「働きがいのある人間らしい仕事」という意味でディーセ
ント・ワークという耳慣れない言葉が使用されている。ディーセント・
ワークは, SDGs で作られた新しい言葉ではなく, 国際労働機関 (ILO)
が 1999 年以来, その実現を掲げている。1999 年に当時の事務局長が報
告で「すべての男性と女性が, 自由, 公正, 安全そして人間の尊厳とい
う条件が満たされたディーセントで生産的な仕事が得られるよう促進す
ること」が ILO の最優先目標であるとした。さらに, 2008 年の総会に
おいて「公正なグローバル化のための社会正義に関する ILO 宣言」(以
後, ILO 宣言) を採択して, ディーセント・ワークの実現をめざしてい
る。ILO 宣言から, ディーセント・ワークを「働く希望を持つものに単
に雇用の機会が与えられるというだけでなく, その雇用が十分な収入を
伴うものであり, 雇用の場で安全な職場環境, 均等待遇を含むさまざま
な権利が保障され」るような仕事と定義できる (西谷, 2011, p.42)。
　西谷はさらに, この概念を「働きがいのある人間らしい仕事」と訳
し, 日本においては, 憲法 27 条の勤労権に含まれる基本的人権である
と指摘している (西谷, 2011, p.43)。しかしながら, 日本では, 非正規
労働やワーキングプア, ブラック企業などのキーワードで労働環境が悪
化し, ディーセント・ワークの必要性が認識されるようになっている。
また, 低価格の衣類などが途上国の工場で搾取的な労働環境で作られる
ケースがある。このような労働環境もディーセントでない労働として知
られている。
　1999 年の事務局長発言からは, ある仕事がディーセント・ワークで
ある条件として次の 4 つをあげられる。

1. 中核的な労働基準の尊重と遵守
2. 良質な雇用の確保
3. 社会保護（職場の安全と社会保障）の拡充
4. 社会対話（労使の交渉と国を交えた対話）の促進

　これらの定義からは，労働基準を遵守した安心して働ける職場の整備や対話の促進が求められている。個々の職場での努力だけではなく，ディーセント・ワークを実現するために国の関与も求められている。

　日本では，2020年に男性で22.2％，女性で54.4％が非正規雇用で雇用されている（図9-3，内閣府男女共同参画局（2023），第2章第7図）。非正規雇用の多くが，雇用期間の定めがないうえに生活を維持できる十分な所得を提供しておらず，社会保護の点で，ディーセント・ワークに該当しない。

4. 技術進歩による労働移動

（1）ラッダイト運動

　効率化イノベーションとしての技術進歩は，従来その分野で働いていた人々の仕事を機械で置き換えたり，その仕事そのものを無くしたりする。例えば，農場労働者は農業機械に仕事を奪われる。日本の事務作業で特有とされる押印文化は，コンピュータ化で廃止される傾向にある。押印文化がなくなれば，印鑑産業はまるごと立ち行かなくなるだろう。一方で，市場創造型イノベーションとしての技術進歩は新たな職を生み出す。例えば，農場で一部の仕事が機械に置き換えられる一方で，農場で加工食品を作る作業など新しい仕事が生まれている。押印の代わりに承認システムをコンピュータで構築する仕事も生まれる。

　それでは機械化によって，本当に労働者の仕事は奪われるのであろう

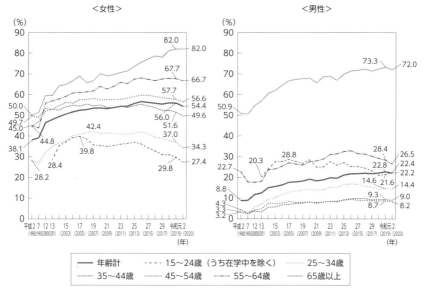

年齢階級別非正規雇用労働者の割合の推移

図 9-3 非正規雇用の推移（日本）
出所：内閣府（2021）

（備考）1．平成13年までは総務庁「労働力調査特別調査」（各年2月）より，平成14年以降は総務省「労働力調査（詳細集計）」（年平均）より作成。「労働力調査特別調査」と「労働力調査（詳細集計）」とでは，調査方法，調査月等が相違することから，時系列比較には注意を要する。
　　　　2．「非正規の職員・従業員」は，平成20年までは「パート・アルバイト」，「労働者派遣事業所の派遣社員」，「契約社員・嘱託」及び「その他」の合計，平成21年以降は，新たにこの項目を設けて集計した値。
　　　　3．非正規雇用労働者の割合は，「非正規の職員・従業員」／（「正規の職員・従業員」＋「非正規の職員・従業員」）×100。
　　　　4．平成23年値は，岩手県，宮城県及び福島県について総務省が補完的に推計した値。

か。マクロ的な見方は次のようなものである。ある産業の技術革新で雇用が失われても，経済が成長していれば，別の部門の雇用が労働力を吸収する。つまり，機械化による労働力の喪失は短期的なショックであり，長期的な雇用はむしろ変わらないと言う。また，技術革新による機械化技術には，労働力置換型の技術と労働力補完型の技術がある。前者は雇用を失わせるのに対して，後者は労働者にスキルの向上を求めると同時

に労働生産性の向上をもたらす。

労働者の抵抗で有名な出来事が，ラッダイト運動である。ラッダイト運動は，産業革命期にイギリスの製造業で起こった運動である。産業革命による機械化で，「家内工業に従事していた職人は機械に置き換えられ，その機械の世話をするのは低賃金のこどもになった」（フレイ，2020，p.209）。この過程で仕事を奪われることとなった労働者が機械を破壊した。例えば，1768 年には「数百人の製材職人が製材工場に火を放ち，全焼させた。この製材工場はイギリス初の蒸気機関で稼働する方式で，創立者のチャールズ・ディングリーは王立技芸協会から金メダルを受賞したものである。製材職人たちは，工場のせいで仕事がなくなったと主張した。」（フレイ，2020，p.203）。

その後イギリス政府は「機械を破壊した者を死刑に処する」という 1769 年法を制定した。しかし，破壊運動はとどまらず，1830 年代まで破壊行為・暴動は続いた。最終的には 300 人前後に死刑宣告が下った（フレイ，2020，p.207）。

なお，ラッダイト運動が収まった頃を境にイギリスでは状況が変化した。イギリスの産業革命期においては，1840 年代頃までは経済成長により，資本家が裕福になる一方で労働者の実質賃金は停滞していた。しかし，1840 年代以降，イギリスでは労働者一人当たりの実質賃金は大幅に増加した。産業革命当初は，労働力を置き換える形=労働力置換型の技術が投入されたのに対して，1840 年頃からは労働者のスキルを高める労働力補完型の技術が投入されはじめたためである。

この変化には教育に対する需要が増加したという副作用もあった。労働力補完型の技術が普及しはじめると，「工場には職長，技術者，修理工などの他に，会計係，事務員，さらには流通や営業に携わる人間も必要」となった。こうしたスキルを必要とする仕事につくためには一定水

準の教育が求められる。そのため，それまで一般の人にはほとんど必要がなかった教育が重要性を持ちはじめた。

　ここまでをまとめると，産業革命期の機械化はスキルも教育も必要としない単純労働者の雇用を失わせたが，長期的には教育を受けた人々に対する雇用を増加させ，労働者全体の生活水準を引き上げた。

　近年起こった産業のシフトとしては，気候変動における雇用があげられる。国際労働機関（ILO）は気候変動対策による 2030 年までの雇用への影響を調査した（International Labour Organization, 2018）。調査報告によると，気候変動対策により化石燃料関連産業を中心に 600 万人の雇用が失われる一方で，2,400 万人の雇用が自然エネルギー産業を中心に生み出されるとしている。

　今後はコンピュータの発展，特にロボット技術と AI 技術の発展も雇用に大きな影響を与えると考えられている。そして，マクロレベルでは技術革新が雇用を生み出すことは期待できる。ただし，個人レベルで見れば，次の 2 つの懸念がある。

　まず，その技術革新による雇用創出プロセスには数十年単位の時間がかかる可能性もある。一人の人間が現役労働者として労働できる期間は 40〜50 年であろう。その期間がずっと移行期にあたってしまう人，キャリアの半ばを過ぎた頃にその産業が移行プロセスに入ってしまう人などには，「いずれ雇用が回復する」といってもなんの慰めにもならない。

　次にこのような産業の転換のなかで職を失う人は，次の職を得ることができるのだろうか。あるいは職を得たとして，その仕事で以前と同じような働きがいを得て，生きていくだけの収入を得ることができるだろうか。特にロボット技術と AI 技術は，これらの技術では代替できない高度なスキルを持つ人，これらの技術を制御するスキルを持つ人以外の職を代替する可能性がある。一方で，ロボットに任せるには収益が低す

ぎる仕事も人間の仕事として残される可能性がある。つまり，労働市場が二極化するかもしれない。このような状況で仕事を確保し続けることは個人の努力だけでは難しい部分がある。

（2）労働者の再教育制度

　2022 年 10 月 3 日，岸田文雄総理大臣が所信表明演説で次のように述べた。

> リスキリング，すなわち，成長分野に移動するための学び直しへの支援策の整備や，年功制の職能給から，日本に合った職務給への移行など，企業間，産業間での労働移動円滑化に向けた指針を，来年六月までに取りまとめます。特に，個人のリスキリングに対する公的支援については，人への投資策を，「五年間で一兆円」のパッケージに拡充します。(首相官邸，2022)

　ここに含まれる「リスキリング」は個人の学び直しを意味する。産業の衰退などで職を失う人，よりよい労働条件を求める人などが，新しい職場に移るため，あるいは今の職場でランクアップをするために必要な訓練を行うことである。これには，仕事を辞めて教育を受けるケースと，働きながら教育を受けるケースが含まれる。

　労働政策には，リスキリングのような労働者が新たなスキルを獲得する支援を行う積極的労働政策と，失業手当のように失業時の生活を保証する消極的な労働政策がある。日本は従来，消極的労働政策を重視している国であった（林，2009，第 11 章）。今回のリスキリング推進は消極的労働政策中心から積極的労働政策中心の労働政策への大きな転換点となることが期待される。

　積極的労働政策はヨーロッパ各国で推進されている。これらの国は失

業率が5〜6％と高いが社会不安が広がらないのは，失業中も教育訓練を受けることができるためである。失業はむしろ次の仕事への準備期間と捉えられている。

本章の参考文献

International Labour Organization（2018）*World Employment and Social Outlook 2018: Greening with Jobs*

Our World in Data（2023）*Average Years of Schooling vs. GDP per Capita*, https://ourworldindata.org/grapher/average-years-of-schooling-vs-gdp-per-capita

アビジット・V. バナジー，エステル・デュフロ（2012）『貧乏人の経済学　もういちど貧困問題を根っこから考える』山形浩生訳，みすず書房

ウィリアム・イースタリー（2003）『エコノミスト 南の貧困と闘う』小浜裕久訳，冨田陽子訳，織井啓介訳，東洋経済新報社

カール・B. フレイ（2020）『テクノロジーの世界経済史──ビル・ゲイツのパラドックス』村井章子訳，大野一訳，日経 BP

ブラッドリー・シラー（2010）『貧困と差別の経済学』松井範惇訳，ピアソン桐原

国際連合広報局（2016）「我々の世界を変革する：持続可能な開発のための 2030 アジェンダ」（外務省仮訳）https://www.unic.or.jp/activities/economic_social_development/sustainable_development/2030agenda/

内閣府男女共同参画局（2021）「男女共同参画白書令和 3 年版」https://www.gender.go.jp/about_danjo/whitepaper/r03/zentai/index.html.

林敏彦（2009）『経済政策』放送大学教育振興会

西谷敏（2011）『人権としてのディーセント・ワーク　働きがいのある人間らしい仕事』旬報社

阿部彩（2014）『子どもの貧困 II ──解決策を考える』岩波書店

首相官邸（2022）「令和 4 年 10 月 3 日第二百十回国会における岸田内閣総理大臣所信表明演説」

学習課題

1. 教育の効果についてマクロ的な視点と個人的な視点の二つから説明せよ。

2. 貧困地域の子どもたちが，教育を受けるモチベーションを失いがちな理由を説明せよ。

3. ディーセント・ワークとはどのようなものか，説明せよ。

10 | 消費者の役割

《**目標＆ポイント**》 本章に関わる SDGs の目標は，目標 12「持続可能な生産消費形態を確保する」である。

　目標 12 を実現するためには，生産者と消費者双方の取り組みが必要であるため，この目標は「つくる責任・つかう責任」と解説される。消費者に対しては，持続可能なライフスタイルに関する意識を持つよう求められている。さらに，政府に対しては途上国支援に加えて，持続可能な公共調達の促進が求められている。本章ではこのうち，消費者の役割に着目して解説している。消費者の行動によって，企業活動に影響を及ぼすこともあるし，近年では生産者と消費者の対等な取引というフェアトレードが注目されるようになっている。

《**キーワード**》 消費者運動，フェアトレード，エシカルコンシューマー，エコラベル

1. 消費者運動

（1）つかう責任

　目標 12 の「つかう責任」は，個人が「持続可能なライフスタイルに関する意識」を持つことを求めている。これは日常生活におけるごみ減量や節電などに加えて，消費生活全般に対して意識を持つことを求める。

　「大企業が販売しているんだから，悪いもののはずがないでしょう」あるいは「自分は売られているものを買っているだけだから，悪いことはしていない」という発言を目にすることがある。消費者は市場で取引されているものを購入しているだけだから，社会に対してなんの責任も負

わないのだろうか。社会にとって悪いものが存在するならば，それは政府が規制すべきことなのだろうか。

　有害なことが確定しているもの・存在については政府が何らかの規制をかけることは，合意を得られる可能性は高い。しかし，あるものを有害なものであると決定することは容易ではない。また，そのような消費者に害を与えるものを規制し，国民・市民を危険から未然に遠ざけるべきなのかについては，国家のあり方に関わる問題である。国民が有害なものに危害を受けないよう，未然に遠ざけるべきと考えるのは大きな政府に近い考えである。一方，危険かどうか，使用するかどうかの判断は国民に委ねるべきであると考えるのは小さな政府に近い考えである。どちらを求めるのかは各国がそれぞれ選択するべきである。

　現実社会では，麻薬や武器などあまりに有害なものについては，販売所持を禁止している。しかし，便利な道具だが使い方によっては危険あるいは有害であるもの（自動車，包丁，チェーンソーなど），有害であることを明記し使用を消費者の選択に委ねるもの（タバコなど）などは市場で販売されている。

　これらのことを踏まえるに，消費者が市場で売られているものを欲望のままに受け入れることは社会にとって望ましい結果を産まない可能性がある。消費者は，自らのライフスタイルが持続可能なものになるように，知識を得て必要に応じて判断する必要がある。

　企業は商品の売上を通じて消費者の反応を知ることができるため，個々の消費者が持続可能な商品を選ぶならば，企業はより持続可能な製品を市場に供給するだろう。近年では商品の売上に加えて，SNSでの発言により個人が直接企業に意見を伝えることもできる。企業が自社製品に対する反応をSNSでチェックすることは普通のことになっている。

　しかしながら，個人としての消費者の意見や価値観が大企業に影響を

与えることは期待できない時代もあった。このような時代には消費者がグループをつくり消費者団体となり，影響を与える努力を行ってきた。

（2）日本における消費者運動：カラーテレビ不要運動

　日本では，戦後，主婦連合会などが「消費者団体」として認識されてきた。そしてその代表は「消費者代表」として行政にも社会にも認知されていた。そのため，「消費者の動き」「消費者の意思」として消費者団体の動向が捉えられてきた。

　例えば，1970 年前後の「カラーテレビ不買運動」は，「消費者パワー」がメーカーに対して強い力を持ちうることを印象づけた（原山，2011，p.214）。現代の日本社会で消費者運動が無視できないものとして認識された事件として重要であるので，以下，主要な部分を抜粋して紹介する。

　　　カラーテレビの不買運動は，アメリカでの販売価格と比べて日本国内での販売価格が高いこと，それに関連するメーカー側の説明に対する不信感などから生まれた。不買運動が展開されるなかで，消費者団体は大手家電メーカー以外のメーカー（新日本電機）やスーパーマーケット（ダイエー）と協力して安価なオリジナル商品を開発して販売した。

　　　不買運動を受けて，松下電器においては，労働組合の建白書が会長（松下幸之助）に提出された。「不買運動を新しい消費者意識の表れとして謙虚に受けとめ，社会に貢献する松下電器の新しいイメージを打ち出す」ことなどが提起されている。

　　　運動の結果，1971 年 2 月には主要メーカーが 5〜20％の価格を引き下げることを発表した（原山，2011，p.240）。

　消費者団体による運動は，その後，「安全な食料の入手」をめざす産直

運動へとつながる。

（3）グリーンコンシューマー

　消費者運動のうち，環境に配慮した消費者行動を推奨する活動が，グリーンコンシューマー運動である。グリーンコンシューマー運動は1990年前後にイギリスやアメリカで始まり，日本でも1990年代に大きく広がった。グリーンコンシューマー運動は，消費者団体を組織するのではなく，消費者個々に選択肢を提示するという点がそれまでの消費者運動と異なる点であった。特に環境に配慮した商品を集めた「ガイドブック」を作成して配布するという工夫は，各消費者が消費段階で自力で判断を行うことを目的としていた。

　グリーンコンシューマーの行動様式としては，次の解説がわかりやすい。

> 例えば，ごみが多いしモノがもったいないという問題に対しての対処療法的方法は，リサイクルです。一方，根源的治癒の方法は，グリーンコンシューマーによる，ごみそのものを家庭に持ち込まない買い物をすることです。買い物を変えることで，生活に使うものを変え，ライフスタイルも環境を大切にしたものに変えていく，それがグリーンコンシューマーです。それは社会経済システムを変えることにもつながります。
> （社会ソリューションイニシアティブ，2021）

　日本においては，個人としてのグリーンコンシューマー運動はあまり定着しなかった。しかし，その後もLOHASやエシカルコンシューマーなどのように，環境や持続可能性に配慮した消費行動をとる消費者をカテゴライズし，その動向をつかもうとする動きは起こっている。一方，

行政や企業の購買行動においては，グリーン購入・グリーン調達という名称で，指針の一つとして定着している。

2.　エシカルコンシューマー（倫理的消費者）

　エシカルコンシューマーは，特定の価値観を持った消費者，すなわち倫理性を重視した商品＝エシカル商品を購入する人である。エシカルコンシューマーは，消費者運動のようにグループとして意思表示を行うわけではないが，その購買行動で価値観を表明する。

　エシカル消費とは，次のように定義されている。

> 　エシカルとは英語で，直訳すると「倫理的な」という意味です。一般的には，「法的な縛りはないけれども，多くの人たちが正しいと思うことで，人間が本来持つ良心から発生した社会的な規範」であると言えます。私たちが普及活動を行なう際の「エシカル」とは，根底には一般的な定義が流れているものの，特に「人や地球環境，社会，地域に配慮した考え方や行動」のことを指します。エシカルは形容詞ですので，様々な名詞と組み合わせることで，その意味は多様に広がります。例えば，「地域の活性化や雇用なども含む，人や地球環境，社会に配慮した消費やサービス」のことを「エシカル消費」と言います。
>
> （一般社団法人エシカル協会，2023）

　エシカル概念は非常に広いため，生活するすべての場面においてその影響を考慮することも可能である。理想的には，日常生活において，次のような意識が求められる。

> 　私たちが，何を食べるか（食べないか），何を着るか（着ないか），

お金をどう使うか（使わないか）によって生産者や地球環境に影響を与えることを忘れてはいけません。
（一般社団法人エシカル協会，2023）

　実際には，一般的にエシカルコンシューマーと呼ばれる人々はすべての問題を考慮するのではなく，エシカルのさまざまな分野の中から，自らが重要であると考える部分に限定して商品選択を行っている。

　また，エシカルコンシューマーは，価格・品質・デザインといった選択基準に「エシカルであるかどうか」も加えて考慮している。そのため，エシカルだけを判断基準としているわけではない。あくまでも，選択基準の一つにエシカルを含んでいる。

　農業製品に関連したエシカルコンシューマーの場合，例えば食品を購入する際に「オーガニック（有機）であるかどうか，児童労働を行っていないか」などの点を評価基準にするかもしれない。

　動物の倫理に関心が高いエシカルコンシューマーの場合は，どのような「皮革製品」を利用するかを考慮するだろう。皮革を食肉生産の副産物であるものを使用しているものに限定し，鞣し工程で有害物質を使用しないものに変更しているものがある。あるいは，革製品そのものの使用をとりやめて，合成皮革を選択する者もいる。例えば，合成皮革の耐久度を高めたエシカルレザー，石油由来の合成皮革ではなく植物由来の素材を使用したヴィーガンレザーなどが候補になる。もちろん，革とその類似品をすべてやめる人もいる。

　ごみ問題に関心が高い場合は，紙製品をできるだけ使用しないよう心がけたり，プラスチック製品をやめたり，リサイクルしやすいよう配慮された家電製品を選択する。

　あるいは，人権に関心を持つ場合には，児童労働をしていないことが

保証されたカカオ製品を選択したり，製造工程で強制労働が疑われる労働環境で製造を行っていないことが保証された衣類を選択する。

　このように，一口にエシカルコンシューマーといってもその取り組みは多岐にわたる。一人の人間がすべての分野に責任を持つことを求めることは非常に難しい。企業としてもすべての消費者が自らの商品に関心を持たないと行動を変容させないわけではない。一部の消費者が自社製品に問題があると考え選択しなくなるのであれば，その会社は行動をより倫理的な方向に変化させるであろう。それぞれの問題に関心を持つ人が，それぞれ一定数以上存在して，企業からその行動が観察できることが一つの目標となる。

3.　フェアトレード：責任ある生産，流通と消費

　エシカル消費の一つの例としてフェアトレードがある。

　まず，国際フェアトレードラベル機構の認証機関として活動している特定非営利法人フェアトレード・ラベル・ジャパン（通称：フェアトレード ジャパン）によるフェアトレードの定義を紹介しよう。

> 　フェアトレードとは直訳すると「公平・公正な貿易」。つまり，開発途上国の原料や製品を適正な価格で継続的に購入することにより，立場の弱い開発途上国の生産者や労働者の生活改善と自立を目指す「貿易のしくみ」をいいます。
> （フェアトレード ジャパン，2023）

　フェアトレードで扱われる商品は，コーヒー，チョコレートといった食品から衣類や雑貨まで多岐にわたる。どのような品目がフェアトレード商品となるかは，途上国で生産される商品で，それをフェアトレードで取引したいと考え実行する人がいるかどうかによる。問題を認識しな

がら，フェアトレードを実施しようと動く人が誰もいなければその商品を生産する人々は置き去りになったままだ。

先進国の人々はフェアトレード商品を購入することで，途上国の人たちを助ける。ただ先進国も無理をして助けるわけではない。フェアトレードはあくまでも商品を公正な価格で取引をしているから，商品の価値よりも高い金額を支払っているわけではない。その点が，純粋な援助や寄付と異なる点だ。援助や寄付は支払った金額に対して何かを得ることは基本的にない。フェアトレードは商品の購入だから，モノが手に入る。

それでは途上国で生産された普通の（フェアトレードではない）商品は，途上国の人たちの生活を悪化させながら生産されているのかというと，そこは注意が必要だ。世の中は100％か0％ではない。不公正な方法での取引を0％，完璧に公正な取引が100％だとすると，大半の商品は0％と100％の間のどこかに位置する。フェアトレード共通のルールを守っているフェアトレード商品は100％に近い。

フェアトレード商品が守るべきルールとしては，国際フェアトレードラベル機構（Fairtrade International）が設定している国際フェアトレード基準がある。この基準は，定期的に実態に合うように見直されている（フェアトレード ジャパン，2023）。

だから，フェアトレード商品であれば，途上国の生産者の生活を悪化させることはない。しかし，逆はそうではない。フェアトレードをうたっていなくてもそれと同様の取り組みをしている企業はいくらでもある。つまり，フェアトレードの基準を満たしていなかったり，認証を取得していなかったりしても，生産者を大切にしている企業がある。

ところで，多くのフェアトレード商品には，ラベルが付いている（図10-1）。ラベルの付いた商品は，国際的な認証団体（Fairtrade Inter-

図 10-1　国際フェアトレード認証ラベル
出所：フェアトレード ジャパン（2023）

national）の定める基準に従い，フェアトレード商品として認証を受け
ている。

　一方で，フェアトレードラベルを用いずにフェアトレード商品を販売
する例や，類似の取り組みをしているもののフェアトレード以外の用語
を用いている例もある。前者は費用面などの理由でフェアトレード認証
を受けていないが，実態としてフェアトレードを行っている企業であ
る。後者の例としてザ・ボディショップがある。ザ・ボディショップは
2005 年の 1 年間で 24 か国の 31 団体とコミュニティトレードを行った
としている。これらの取り組みが認証を受けない理由はさまざまである
が，少なくとも認証マークのない取り組みについては，消費者が自己責
任で取り組みの適切性を見極める必要がある。

　例えば，ザ・ボディショップのコミュニティトレードについて見てみ
よう。

　　　「私が最終的にしたいのは，脆弱なコミュニティと誠実な取引を
　　　する完璧な事例を作り，それを将来のビジネスモデルにすること
　　　だ」（ロディック，2005, p.196）
　　　どれくらい利益を上げたかよりも，どうやって弱く力のないコ
　　　ミュニティと接してきたかで評価されたい。ビジネスに関わるす
　　　べての人々がこのような考えを持っていたら，凄いことが起こる
　　　だろう。そういう意味で，小さいことは素晴らしいことなのだ

（ロディック，2005, p.202）。

コミュニティと持続的で対等な関係を築き，良質な原料や製品を公正な価格で取引（トレード）するのがコミュニティトレード。持続的な関係を築くのは，長期的なサポートをするため。そこに住む人々の雇用，医療，教育を充実させ，彼らの持つ文化や伝統を守りながら生活できるようにするためだ。ザ・ボディショップは 2005 年の 1 年間で 24 か国の 31 団体とコミュニティトレードを行った。金額にすると，500 万ポンド（約 11 億 6 千万円）である（greenz.jp, 2007）。

これらの記述を見ると，ザ・ボディショップの実践するコミュニティトレードは理念・実践ともに，フェアトレードと非常に似通っている。ザ・ボディショップの取り組みのように，フェアトレードの理念に近い取り組みは多い。これらの取り組みがフェアトレードと呼べるかどうかは個別に判断する必要がある。

4. インセンティブ設計

　もちろん，生活におけるすべての面でライフスタイルが持続可能なものであるかを意識するのは非常に難しい。特にそれを一般の人々が認識するようになることはとても難しいし，期待できない。すべての人がそのような意識を持つよう強制する社会は怖いと筆者は考える。

　地球環境破壊による生活への影響が確実視されるなかで，すべての人々への意識付けは期待できない。経済学では，人々の意識を変えることなく，行動を変える方法が考案されている。一般に人々は自らの効用を最大化するよう行動する。それは多くの場合，金銭的に得をする場合，行動として楽な場合である。

　社会の仕組みを，人々の意識を変えることなく持続可能なライフスタイルが普及するように変化させる。このような方法をインセンティブ設計と呼び，行動経済学の分野が主に研究を進めている。以下にインセンティブ設計の例を示した。

表 10–1　環境目標とインセンティブ設計

目標	インセンティブ設計
レジ袋の消費を減らす	レジ袋を有料にする
電気からの CO_2 排出量を減らす	自然エネルギーを使わない電気の料金を上げる
電気をこまめに消す	人感センサーを普及させる
生ごみの減量	ごみ収集価格を上げると同時に生ごみ処理機に補助を出す
生態系の保護（希少種の取引規制）	罰則を強化する
生産時の環境負荷を減らす	適切な方法で生産されていることを表示する

出所：筆者作成

　これらの政策は，そもそも有効か，どの程度の強度で行えばよいかなどについて，実験を通じて検証する必要がある。政策効果の検証は，論理的な検証，統計データによる検証（自然実験），実験室での実験を経て，社会実験に変化しつつある。社会実験とは，社会で実際に政策を小規模に実施することで政策効果を検証するものである。

5.　ラベル

　表 10–1 で，生産時の環境負荷を減らす方法として，「適切な方法で生産されていることを表示する」を紹介した。製品に対してその原料や生産方法，取引方法などが一定のルールに従っていることを示す方法をラ

ベリングと呼ぶ。特に環境に関連したラベルの場合には，「エコラベル」
と総称される。

　例えば環境ラベル等データベースには，環境に関連して現在使われて
いるエコラベルを収録して解説している。同データベースに収録されて
いるエコラベルの一部には図 10–2 に示すようなものがある。この中に
はいわゆる「エコマーク」や 3R に関するマークなどが含まれている。

　エコラベルは大きく分けて，国や第三者機関が認証するラベルと事業
者・事業者団体が自らの取り組みを評価してつけるラベルが存在する。
前者は当事者以外の存在が認証するために，客観性が担保されており，
信頼性が高いと言われている。後者は自主的な取り組みであるため，客
観性に欠ける可能性がある。

国際エネルギース
タープログラム*1

カーボン・オフセッ
ト認証ラベル*2

カーボン・ニュート
ラルラベル*3

省エネラベリング
制度*4

統一省エネラベル*5

エコマーク*6

グリーンマーク*7

牛乳パック再利用
マーク*8

FSCR®認証制度（森
林認証制度）*9

バイオマス
マーク*10

非木材グリーン
マーク表示*11

MSC「海のエコラ
ベル」*12

エコレール
マーク*13

再生紙使用マーク*14

レインフォレスト・ア
ライアンス認証*15

図 10-2　エコラベルの例

出所：*1, *4, *5　経済産業省 資源エネルギー庁（https://www.enecho.meti.go.jp/）
　　　*2, *3　一般社団法人カーボンオフセット協会（https://co-a.org/）
　　　*6　公益財団法人日本環境協会 エコマーク事務局（https://www.ecomark.jp/）
　　　*7　公益財団法人古紙再生促進センター（http://www.prpc.or.jp/）
　　　*8　牛乳パック再利用マーク普及促進協議会
　　　　　（https://www.packren.org/index.html）
　　　*9　FSC ジャパン（https://jp.fsc.org/jp-ja）
　　　*10　一般社団法人日本有機資源協会 バイオマスマーク事務局
　　　　　（https://www.jora.jp/biomassmark/）
　　　*11　NPO 法人非木材グリーン協会（https://www.himokuzai.org/）
　　　*12　一般社団法人 MSC ジャパン（https://www.msc.org/jp）
　　　*13　公益社団法人鉄道貨物協会 エコレールマーク部（https://rfa.or.jp/）
　　　*14　3R 活動推進フォーラム（http://3r-forum.jp/）
　　　*15　レインフォレスト・アライアンス（https://www.rainforest-alliance.org/ja/）

164

本章の参考文献

フェアトレード ジャパン（2023）「フェアトレードミニ講座」
　https://www.fairtradejp.org/about_fairtrade/course.php
greenz.jp（2007）「コミュニティトレードってなんだ？」
　https://greenz.jp/2007/03/16/180/
アニータ・ロディック（2005）『ザ・ボディショップの、みんなが幸せになるビジネ
　ス。』ハント・ヴェルク訳，トランスワールドジャパン
国際連合広報局（2016）「我々の世界を変革する：持続可能な開発のため
　の 2030 アジェンダ」（外務省仮訳）https://www.unic.or.jp/activities/eco-
　nomic_social_development/sustainable_development/2030agenda/
一般社団法人 エシカル協会（2023）「一般社団法人エシカル協会」
　https://ethicaljapan.org/
原山浩介（2011）『消費者の戦後史：ヤミ市から主婦へ』日本経済評論社
環境省（2023）「環境ラベル等データベース」
　https://www.env.go.jp/policy/hozen/green/ecolabel/
社会ソリューションイニシアティブ（2021）「世界そして日本におけるグリーンコ
　ンシューマー活動のはじまり」
　https://www.ssi.osaka-u.ac.jp/activity/topics/sugimoto/

学習課題

1. 消費者運動とフェアトレード運動の違いについて考えよ。
2. フェアトレードは生産者の生活にどのような影響をもたらすの
   か，説明せよ。
3. 購入した商品についているエコラベルを探して，詳しく調べて
   みよ。

11 | 企業・NGO の取り組みとその評価

《**目標＆ポイント**》 SDGs は公的機関だけが取り組むものではない。企業は生産・販売段階において，社会的責任を果たすことが求められている。また，社会課題の解決を企業の目的とする社会企業も生まれはじめている。

　市民も市民団体を通した活動の他，個人としての社会責任を果たすことができるが，すべての人に積極的な貢献を期待することは困難である。そこで社会全体で SDGs の達成に貢献することがメリットとなるような仕組みの設計が有効である。

《**キーワード**》 CSR，コーズ・リレーティッド・マーケティング，ESG 投資，社会企業，食品ロス

1. 企業の社会的責任

（1）企業が社会貢献をする方法

　企業は利潤を追求する存在だと考えることが一般であるが，企業も社会の一員である以上「利潤さえ追求すれば何をしてもよい」というのは，反社会勢力と変わらない。むしろ，企業が人の集合体であり個人よりも強い力を持つからこそ，企業には高い倫理観が求められる。企業の社会的責任を CSR（Corporate Social Responsibility）と言う。企業が社会的責任を果たす活動を CSR 活動と呼ぶ。また，CSR 活動に関連した報告書を定期的にまとめて CSR 報告書として公表している企業も近年増加している。

　近年では，企業も社会的責任を負うという考え方は一般的になってき

ている。投資家による評価（社会的責任投資）と消費者による評価（エシカルコンシューマー）の両面で，企業の社会に対する態度が評価されるようになっている。

　企業が社会的責任を果たすためにはいくつかの取り組みがある。企業は，これらのうちから一つだけ取り組んでもよいし，いくつかあるいはすべてを活用してもよい。

コーズプロモーション（Cause Promotion）　ある社会問題に対して関
　　　心を高めるために，活動の周知活動や実際に活動する人をサポー
　　　トする。
コーズ・リレーテッド・マーケティング（Cause-Related Marketing）
　　　商品の売上の一部をある社会問題に対する活動を支援するために
　　　支払う。あるいは支払うことを明言する。
ソーシャルマーケティング　社会がよりソーシャルになるように市民が
　　　行動を変容するようなキャンペーンを行う。
フィランソロピー　企業が直接社会活動を行ったり資金を提供したり
　　　する。
コミュニティ活動　従業員などがコミュニティ活動を行うように推奨
　　　する。

　コーズプロモーションとコーズ・リレーテッド・マーケティング（以下，CRM）は企業が直接社会活動を行うのではなく，関連団体や人に支援を行う。

　CRM は，商品 A を販売する企業 X が，商品 A の売上の x%を社会問題 B に対する活動 Y を支援するために使用する。企業 X，商品 A は寄付対象の活動 Y と関係がある必要はない。例えば株式会社ワコールは，乳がんの早期発見・治療に対する啓発活動を行うピンクリボン運動

を支援している。2022 年 10 月には店舗による採寸・試着またはウェブ
ストアで購入時に購入者が賛同の意思表示をした場合に，一件当たり 10
円を寄付する活動を行った。この他に飲料会社が売上の一部を森林保全
活動団体への支援として寄付したり，チョコレートを製造販売する会社
が売上の一部を生産地のコミュニティ活動を支援する団体に寄付する例
もある。いずれの例も，商品と寄付対象は無関係ではないが，直接関係
があるわけでもない。

　ソーシャルマーケティングは，市民の行動変容に焦点を当て，さらに
企業が直接キャンペーンを手掛ける点がコーズプロモーションとは異
なる。

　フィランソロピーについては，90 年代には企業が美術館を運営した
りオーケストラやスポーツ団体に寄付をすることなどの活動が注目さ
れた。

　従業員のコミュニティ活動は，企業も地域の一員であるという発想に
よる。従業員が地域の清掃活動を独自あるいはコミュニティの活動に参
加して行ったり，従業員の子どもが通う学校行事に参加することなどが
考えられる。企業は従業員がこれらの活動に参加しやすいように，休暇
を取りやすくなるよう配慮するなどの仕組みづくりを行う。

　これらの活動の他，社会的責任ビジネス原則と呼ばれる企業活動にお
いてコミュニティや環境を改善するような原則を採用する企業も増加し
ている。

　さらに，投資の分野では ESG 投資と呼ばれる投資手法が広がって
いる。ESG とは，環境（Environment），社会（Social），ガバナンス
（Governance）の頭文字をとったものである。この 3 つのキーワードは，
持続可能な社会の構築に企業が貢献するために必要な観点である。そし
て，これら 3 つの観点から企業を評価し，投資対象として選定するのが

ESG 投資である。

　ESG 投資は，2018 年時点で世界の投資額の 3 分の 1（約 3,100 兆円）を占めると言われており，ESG の観点を CSR や企業活動そのものに含めない企業は投資家から選定されなくなりつつある（野村総合研究所（NRI），2023）。

　日本では日本経済団体連合会が SDGs を強く意識した Society 5.0 という社会を実現する展望を提示している。Society 5.0 では，企業が社会問題に積極的に関与していくことで社会課題の解決につなげることができることを訴えている。

> Society 5.0 とは，AI や IoT，ロボット，ビッグデータなどの革新技術をあらゆる産業や社会に取り入れることによりする実現する新たな未来社会の姿です。狩猟社会（Society 1.0），農耕社会（Society 2.0），工業社会（Society 3.0），情報社会（Society 4.0）に続く，人類社会発展の歴史における 5 番目の新しい社会の姿とも言えるでしょう。
>
> この未来社会では，健康・医療，農業・食料，環境・気候変動，エネルギー，安全・防災，人やジェンダーの平等などの様々な社会的課題の解決とともに，国や人種，年齢，性別を越えて必要な人に，必要なモノ・サービスが，必要なだけ届く快適な暮らしが実現します。（日本経済団体連合会，2023）

　さらに，日本の上場企業については，東京証券取引所が「会社が，株主をはじめ顧客・従業員・地域社会等の立場を踏まえた上で，透明・公正かつ迅速・果断な意思決定を行うための仕組みである」として決定しているコーポレートガバナンス・コードにおける基本原則の 2 で，社会的責任について次のように定めている。

2.　上場会社は，会社の持続的な成長と中長期的な企業価値の創出は，従業員，顧客，取引先，債権者，地域社会をはじめとする様々なステークホルダーによるリソースの提供や貢献の結果であることを十分に認識し，これらのステークホルダーとの適切な協働に努めるべきである。取締役会・経営陣は，これらのステークホルダーの権利・立場や健全な事業活動倫理を尊重する企業文化・風土の醸成に向けてリーダーシップを発揮すべきである。(東京証券取引所，2021)

　このように，企業の目的に社会貢献，社会との協働を含めることが増えるなかで，米国ではこのような企業を認証する動きもある。このうちの一つ，B コープは社会的責任を果たす企業を認証する。B コープとして認証されるためには，ワーカー，コミュニティ，エンバイロメント，ガバナンス，カスタマーの 5 分野にわたる指標の合計で 80 点以上を取得したうえで申請を行う必要がある（ハニーマン他，2022）。この基準には，ワーカーへの生活賃金の支払いやトランスジェンダーに対する配慮から環境負荷など，企業が責任を負うべきさまざまな観点が含まれている。

(2) 社会的企業，社会起業家

　既存企業は株主などの所有者利益だけから，社会的責任を意識した経営に転換してきた。そのような社会情勢のなかで，企業の設立目的そのものを社会的課題の解決とする企業も生まれてきた。このような企業を社会的企業と呼び，その設立者を社会起業家と呼ぶ。例えば，アウトドアアパレルメーカーのパタゴニア社は「ビジネスを手段に自然を保護する」が会社の目的の一つである（パタゴニア，2023）。さらに，同社の

創業者，イヴォン・シュイナードは，今後も同社が利益を環境保護に利用し続けるように，同社の全株式を2022年に環境保護団体に寄付した。

　日本でも，社会課題の解決をビジネスにする動きがある。日本では社会課題の解決を目的とする団体としては，まずNPO法人（非営利特定活動法人）がある。当初からNPO法人という形式を選択せず，株式会社など，企業の形態をとり社会活動の解決に取り組むのが社会的企業である。なお，社会課題の解決を目的とするNPO法人も社会的企業も，収益性を重視しないわけではない。むしろ法人の存続のためには収益がプラスである必要がある。一般の営利企業が収益を上げることを第一の目的としているのに対して，これらの団体は収益を2番め以降の目的，あるいは存続のための必要条件としている点が異なる。

　NPO法人と社会的企業の大きな違いは次の2点である。まず，NPO法人は，その活動に対して認定を受ければ法人に対する寄付が税控除となる公益認定を受けることができる。次に，収入源としてNPO法人は寄付・会費が大半であるが，社会的企業は事業収入が主な収入源である。

　近年は社会企業に注目が集まっており，NPO法人の存在感が薄れてきている。しかし，ビジネス化が困難である，ビジネス化が活動方針にそぐわない，あるいはいまだビジネス化の方向性が見えないなどの活動も存在する。その意味で今後も事業収入ではなく寄付を主な財源とするNPO法人は存続し続ける。

2．つくる責任

（1）調達・加工・流通の責任

　企業が生産を行ううえで，どのように原料を調達し，加工・流通させているかも大きな問題になる。

　このうち，原料調達については，原料資源の持続可能性の確保，生産

者の労働環境などの人権，生産地の生態系保護などが関係する。

　企業が原料調達において持続可能な取り組みをしているかどうかは，企業が公開している情報や商品の表示から判断できる。企業の情報については環境報告書や ESG 報告書などを作成し公開している企業も多い。また，個々の商品については，マークが表示されていたり，パッケージに書かれている商品説明も参考になる。近年では商品に QR コードを表示し，リンク先でより詳しい情報を提供する事例もある。

　前章で紹介したように，パッケージに添付されるマークにはさまざまなものがある。図 10–2 にあるエコマークは製品のライフサイクルを考慮していることを第三者機関が認証したものにつけられている。エコマークは日本独自のマークであるが，ISO において，第三者機関による認証を行う「タイプ I 環境ラベル」として認められている。エコマークは，海外における同種の取り組みと相互認証を行っている。

　この他にも，生産者と公正な条件で取引を行っていることを示すフェアトレード認証なども近年は知られるようになってきた。

（2）廃棄物

　生産者は言うまでもなく，財やサービスを生産して消費者に届ける。製品のライフサイクルは，原料調達・製造・販売・使用・廃棄に大まかに分かれる。伝統的に生産者が責任を負うのは，販売までであり，使用段階以後は，保証や製造物責任に関わらない限りは，関係しなかった。

　そもそも，製造までの段階で発生する廃棄物や排ガス・排水などの環境汚染に関しては，汚染者負担の原則が適用され，さまざまな法で規制が行われている。

　　「汚染者負担原則」は，「公害防止のために必要な対策を取ったり，
　　汚された環境を元に戻すための費用は，汚染物質を出している者

が負担すべきという考え方。経済協力開発機構（OECD）が1972年に提唱し，世界各国で環境政策における責任分担の考え方の基礎となった。2000年閣議決定の環境基本計画では，環境政策の基本的考え方についての指針として，汚染者負担の原則，環境効率性，予防的な方策，環境リスクの4つをあげて整理している」。（EICネット，環境用語集「汚染者負担原則」）

　生産者の責任を製品の使用時に拡大するのが製造物責任（PL）法である。日本では1994年から施行されている。もともと，生産者は製品が使用される範囲においては，その製品がもたらす影響について責任を負わない。製造物責任法は，生産者の責任を製品が適切に使用される範囲に限って，使用にともなう想定外の被害については責任を負うように，責任を拡大している。

　さらに，製品の購入・使用後に発生する廃棄物について，生産者は製品の廃棄段階まで責任を負うべきだとする考え方が，循環型社会の形成を推進するという流れの中で現れた。これが，拡大生産者責任である。

　「拡大生産者責任」は，「生産者が製品の生産・使用段階だけでなく，廃棄・リサイクル段階まで責任を負うという考え方。具体的には，生産者が使用済み製品を回収，リサイクルまたは廃棄し，その費用も負担すること。OECD（経済協力開発機構）が提唱した。循環型社会形成推進基本法は，事業者の責務として，拡大生産者責任の考え方を導入している。容器包装リサイクル法（1995），家電リサイクル法（1998），自動車リサイクル法（2002），資源有効利用促進法（1991）などに定められる事業者の製品の引き取りとリサイクル義務の規定は，代表的な事例である」。（EICネット，環境用語集「拡大生産者責任」）

（3）食品ロス

　加工・流通については，近年，食品ロスの問題が注目されている。食品ロスとは，「国民に供給された食料のうち本来食べられるにも関わらず廃棄されている食品」である。

　食品ロスは，目標 12 のターゲット 3 でも削減が宣言されている。日本政府は食品ロスの削減の推進に関する法律（食品ロス削減推進法）を 2019 年に施行し具体的な削減に取り組んでいる。なお，食品ロスの発生量については，2030 年に 2000 年の半分にする目標を設定している[1]。

　日本の食品ロス量は年間 522 万トン（2020 年）である。このうち約半分が事業活動に伴う「事業系ロス」であり，残りが家庭からの「家庭系ロス」である。また，事業系ロスのうち 3 分の 2 が食品の製造・流通・販売で発生し，3 分の 1 が外食産業で発生している。

　製造・流通・販売分野で発生する食品ロスについては，3 分の 1 ルールが知られている。3 分の 1 ルールとは，賞味期限の 3 分の 1 を過ぎた商品は小売店への納品を行わず，賞味期限が残り 3 分の 1 を切った商品は販売しないという商慣行である。食品ロスを減らすためには，このルールを緩和することが重要であるが，小売店にとってのメリットがないため，慣行を撤廃することは容易ではない。一方で，外食産業で発生する食品廃棄物についても対策が検討されている。外食産業で発生する食品ロスのうち半分が顧客の食べ残しと言われている。食べ残しを減らすために，例えば，ポスターでの呼びかけやドギーバック（持ち帰り用の容器）の利用などが提案されている。

　賞味期限が間近に迫った食品について，フードバンクの活用も広がっている。フードバンクについては，当初，提供した商品を横流しする可能性や適切な管理が行われるかなどが懸念されたが，関連団体が活動実績を積み上げることなどによって，活用が広がりを見せている。

---

1)　家庭系食品ロスについては「第四次循環型社会形成推進基本計画」（2018 年 6 月閣議決定），事業系食品ロスについては，「食品循環資源の再生利用等の促進に関する基本方針」（2019 年 7 月公表）において，それぞれ目標を設定している。

（4）原料調達・人材確保

　企業が持続可能性の実現に向けた対策を行う理由は，法規制や次項で述べる投資家からの圧力だけではない。企業自身の経営を持続するために，市場変化への対応，原料調達，人材確保などが求められている。

　原料調達面では，企業は持続可能な資源採取を進めなければ，原料調達が困難になることを認識しはじめている。例えば，ミネラルウォーターで有名なエビアンは1926年から水源地周辺を保護区として水資源を保護している（evian, 2023）。

　日本では，サントリーも，自社で使用する水源の確保を進めている。

> 「天然水の森」活動～水と生命（いのち）の未来のためにサントリーは水の会社です。良い水がなければ，ビールも，清涼飲料も，ウイスキーも，なにひとつつくることはできません。水―特に「地下水」は，サントリーという会社の生命線なのです。その貴重な地下水（天然水）は，もとをたどれば，森で育まれます。「地下水」の安全・安心と，サステナビリティ（持続可能性）を守るために私たちは，『工場で汲み上げる地下水の2倍以上の水』を，工場の水源涵養（かんよう）エリアの森で育んでいます。そのために，弊社水科学研究所を中心として工場の水源涵養エリアを特定し，その周辺の行政や森林所有者と森林整備の中長期的な協定を結び，「天然水の森」を設定しています。サントリー「天然水の森」は，2003年熊本県・阿蘇からはじまり，2019年3月に「天然水の森 北アルプス」（長野県大町市）を新たに加え，15都府県21箇所，約12,000 ha まで広がっています。（サントリー，2023；山田，2013）

　このように，原料の持続可能性を考慮しなければ，企業活動が立ち行

かないという危機感をもって取り組む企業が現れはじめている。

　人材確保についても同様である。近年では就職先の選択において，企業の社会貢献活動を重視する者が現れている。就職する企業を選択する際に，その企業の社会貢献度を考慮に入れる。そのため，優秀な人材確保のためにも企業は持続可能性対応を進めていると言われている。この点は，まだ新しい動きであるため，今後エビデンスが蓄積していくはずである。

3.　市民社会の動向

（1）市民団体

　NGO とは非政府組織（Non-Governmental Organization）のことである。国際社会においては，企業も NGO と言えるが，日本においては NGO は非営利組織（NPO: Non-Profit Organization）とほぼ同義として扱われている。なお，いわゆる NPO 法人は特定非営利活動法人のことであり，認証を受けることによって法人格を付与されている存在である。NGO は政府以外の団体を意味するため，個人が集まって社会問題の解決に取り組む「市民活動」を行うグループも NGO に含まれる。

　SDGs が策定される以前から，NGO はさまざまな分野で活動してきた。SDGs の策定により社会的な注目が集まったことと，補助金等の資金を獲得しやすくなったことで，活動の拡大が期待される。

　例えば，公益財団法人世界自然保護基金ジャパン（WWF ジャパン）は，第 1 章で紹介した「生きている地球レポート」（WWF ジャパン，2022）を作成して，2 年に一回発表している他，気候変動問題などにおいても中心的な役割を果たしている。WWF ジャパンは，1980 年に世界環境保全戦略のなかで，持続可能な世界の実現を目標として掲げている。この目標は SDGs に先だつもので，非政府組織が社会課題に SDGs

以前から取り組んできたことを示している。

> 「持続可能な世界」あるいは社会，開発の実現は，WWF が 1980
> 年に，UNEP（国連環境計画），IUCN（国際自然保護連合）と共
> に発表した「世界環境保全戦略」の中で掲げ，訴えて続けてきた
> メッセージでもあります（WWF ジャパン，2019）。

　このようにグローバルに活動する NGO 以外にも，地域の河川を浄化
する活動や，駅前のごみを拾う活動を行う団体など，地域で活動する団
体も多い（一例として greenbird, 2023）。

　日本における NGO・NPO は「ボランティア」と同義で捉えられがち
で，収益性が低いと考えられてきた。近年は，1-(2)で紹介したように
NPO でも収益を上げる団体，社会的な課題にビジネスを利用して取り
組む団体（社会的企業）などが増加しており，人々の雇用先としての役
割も果たすようになってきている。SDGs を契機とした資金の流入によ
り，企業並みの報酬を支払うことができる団体が増加することが期待さ
れている。

（2）個人

　SDGs の達成に向けて，個人や企業が貢献するためには，3 つのハー
ドルがある。(1) SDGs について知ること，(2) 貢献のために何をする
か，(3) 日常生活で実践するの 3 つである。

　SDGs は目標が 17 もあるため，SDGs について知ることは，ハード
ルが高い。そのため，つい身近なものだけを取り上げて取り組みたくな
るが，それでは「自分の行動が本当に貢献しているのか」が見えにくく
なる。多くの人は，膨大な課題のなかで自らの立ち位置を見いだせなく
なっている。

　達成に向けた貢献については，Web 情報の充実により，調べようと思えばいくらでも調べられる環境ができている。

　最大の問題は，それらの解決に向けた提案を日常生活で実践できないことである。「個人の努力」「個人の意識」に期待する取り組みがあまりにも多い。しかしながら，1970 年代から環境問題の危険性は認識されてきているし，世界の貧困はそれ以前から認識されている。それでも，個人の意識が変わらなかったから現在のような問題が起きている。個人の意識を変える努力も必要であるが，個人が努力しなくても問題を解決できる仕組みも求められている。

　経済学的にこの問題を考えると，インセンティブ（誘因）の問題に行き着く。インセンティブとは人がある選択をする際に存在する動機づけや報酬などである。インセンティブが大きい選択肢ほど選択される。

　SDGs の問題のうち，気候変動問題を例にとってみる。気候変動問題の解決のためには，人々が省エネ行動を取る必要がある。しかし，夏の冷房を弱めたり冬の暖房を緩めたりすることはなかなか実践しにくい。つい，快適な生活を求めて，エアコンに頼ってしまうだろう。冷暖房の強弱に関するインセンティブは次のようなものである。

- 冷暖房を強める：快適な生活。冷暖房費が少し上がる。
- 冷暖房を弱める：不快な生活。気候変動の緩和。
- 冷暖房を切る：健康被害が出るかもしれない生活。気候変動の緩和。

　資源エネルギー庁の試算によれば，冷暖房を 1 度ずつ緩和することによる費用の節約は冷房で年間 940 円，暖房で年間 1,650 円，合計すると年間で 2,590 円である。気候変動の緩和に貢献するために，2,590 円を節約するために快適な生活を手放すことはできるだろうか。多くの人が冷暖房を弱めていないということは，人々は生活が不快になり気候変動

の緩和に貢献できないことよりも追加的な冷暖房費を支払うことで得る快適な生活の方が望ましいと考えている。つまり，現在の制度のもとでは，冷暖房を強めることのほうが，インセンティブが大きい。

このインセンティブのギャップを埋めるために啓発が行われている。啓発とは，すなわち個人の意識に期待するということである。そして，個人の意識に期待し続けた結果，気候変動問題は現在のような危機的な状況となった。

SDGsを解決するためには，SDGsの達成に貢献する選択肢のほうがインセンティブが大きくなるように変えていく必要がある。インセンティブには，金銭的なインセンティブの他，心理的なインセンティブ，手間などの時間的インセンティブなどさまざまなものがある。

冷暖房の例で言えば，金銭的なインセンティブとしては，例えば，電気・燃料価格を引き上げることで，年間の節約額を引き上げる。心理的なインセンティブでは，気候変動の危機をより深く理解してもらい，冷暖房を緩和する努力の動機を向上させる。手間の場合は，例えばエアコンの温度設定を一定の範囲外にする場合，特別な操作が必要になるようにする。このようなインセンティブの設計を考える余地は非常に大きく，個人によっても有効なインセンティブは異なる。インセンティブ設計を考慮するならば，政策や呼びかけを工夫する余地が大幅にある。

本章の参考文献

evian（2023）「水源地の環境保護」
　https://www.evian.co.jp/environment/protection.html
green bird（2023）「greenbird（グリーンバード）-ゴミ拾いボランティアのNPO」
　https://www.greenbird.jp/

WWF ジャパン（2019）「SDGs（持続可能な開発目標）とは？ WWF の取り組みと、これからの環境保全」https://www.wwf.or.jp/activities/basicinfo/4087.html.

WWF ジャパン（2022）「生きている地球レポート 2021（ファクトシート）」

サントリー（2023）「「サントリー天然水の森」（水源涵養/生物多様性の保全）」
　 https://www.suntory.co.jp/company/csr/activity/environment/eco/forest/

パタゴニア（2023）「パタゴニアのコアバリュー」
　 https://www.patagonia.jp/core-values/

ライアン・ハニーマン，ティファニー・ジャナ（2022）『B Corp ハンドブック よいビジネスの計測・実践・改善：よいビジネスの計測・実践・改善』鳥居希監修，矢代真也監修，若林恵監修，B Corp ハンドブック翻訳ゼミ訳，バリューブックス・パブリッシング

山田健（2013）「水を育む森づくり―サントリー天然水の森」『地下水学会誌 第 55 巻第 2 号』pp.187–192

日本経済団体連合会（2023）「What is Society 5.0」
　 https://www.keidanrensdgs.com/society-5-0-jp

東京証券取引所（2021）「コーポレートガバナンス・コード」p.26

野村総合研究所（NRI）（2023）「用語解説」
　 http://www.nri.com/jp/knowledge/glossary/lst/alphabet/esg

一般財団法人環境イノベーション情報機構（2023）「環境用語集」
　　『汚染者負担原則』https://www.eic.or.jp/ecoterm/?act=view&serial=302
　　『拡大生産者責任』https://www.eic.or.jp/ecoterm/?act=view&serial=401

学習課題

1.　社会企業について事例を調べて，その解決しようとする社会課題，活動内容をまとめよ。
2.　ESG 投資と通常の投資との違いについて解説せよ。
3.　ごみを減らすような行動を促進するインセンティブ設計を考えよ。

12 | 資源の制約：水・衛生・エネルギー・資源

《**目標&ポイント**》　本章は，資源の特性を枯渇性資源と再生可能資源に分けて解説する。貧困撲滅と関わる資源問題が，世の中に存在する資源に何らかの理由によって手が届かない=アクセスの問題である。

　また，資源の過剰利用によって資源が枯渇する問題は，枯渇性資源・再生可能資源を問わず，深刻な問題である。そこで，本章では資源の枯渇状況を原油を取り上げて紹介する。さらに，枯渇性資源の枯渇を避けるために考えうる資源の有効利用や代替技術の開発・利用について解説する。

　章の後半では再生可能資源について解説する。特に漁業資源を例に取り，持続可能な漁獲方法について学ぶ。

《**キーワード**》　枯渇性資源，再生可能資源，資源生産性，バックストップ技術

1.　SDGs の目標

　資源とは，第 6 章 3 で説明したように，人が生産・消費に使用できる原料・財・サービスのことである。人類は自然界に存在する資源を取り出して利用する。このプロセスは資源の種類によって採掘・採取・抽出などと呼ばれるが，本章では以後まとめて，「取り出す」あるいは「採掘する」の用語を用いる。

　資源は使用するとなくなるので，使用量が過度になると入手できなくなる（枯渇する）。当然ながら，人類の生存に必要な資源が枯渇することは人類の生存が脅かされる。それゆえ，有限の資源は適切に管理されな

ければならない。なお人類が産業革命以後に技術革新・人口増大などの要因で資源利用を拡大したことにより，有限でない資源はほとんど考えられなくなった。

　資源の制約に関連する SDGs の目標には，目標 6（水問題）や目標 12（持続可能な生産・消費形態）が該当する。

　目標 6 は，「すべての人々の水と衛生の利用可能性と持続可能な管理を確保する」ことを目標としている。目標 6 で言う水とは，生産や生活に使用できる真水であり，「2050 年までに，4 人に 1 人以上が慢性的または反復的な水不足を抱える国で暮らすことになる」と見られている。現在，世界人口の 40％以上が水不足の影響を受けており，17 億人以上が，水の使用量が涵養量を上回っている河川領域で生活している（国際連合広報局，2016）。

　衛生的な真水が利用できないことは，貧困世帯の食料の安定確保，生計手段の選択，教育の機会に悪影響を及ぼしている。特に工業生産などで真水の利用が増加すると，その影響は貧困層に強く及ぶ。

　このような懸念のもと目標 6 では，「2030 年までに，すべての人々の，安全で安価な飲料水の普遍的かつ衡平なアクセスを達成する」ことや，「2030 年までに，全セクターにおいて水利用の効率を大幅に改善し，淡水の持続可能な採取及び供給を確保し水不足に対処するとともに，水不足に悩む人々の数を大幅に減少させる」ことをターゲットとしている（国際連合広報局，2016）。

　水の使用量が涵養量を上回ることで，例えば河川は下流に水がない状態になりかねない。一つ事例を紹介しておこう。1990 年前後に中国の黄河は下流数百キロメートルで水がなくなった。最も深刻だったのは，1997 年で 226 日間，704 キロメートルに渡って水がなくなった。この現象を「黄河断流」と言う。この頃の中国では河川からの取水量を省ごと

に自由に決定できた。そこで，上流の工業・農業需要に応えるため，取水量が大幅に増加した。その結果，下流においては水がない状態となった。2002 年に新水法が制定され，取水量の決定権限が国に移管された事により，問題は解消した（福嶌，2008）。

目標 12 は「持続可能な生産消費形態を確保する」ことをめざしている。持続可能な消費と生産は，「より少ないもので，より大きな，より良い成果を上げる」ことである。そのために，2030 年までに，天然資源の持続可能な管理と効率的な利用を実現する。

技術進歩により，エネルギー効率は向上しているが，エネルギー消費量は増加し続けると予測されている。物質消費量も同様に増加すると予測されている。今後は 2050 年までに世界人口が 96 億人に達すると，現在のライフスタイルを維持するために必要な天然資源を供給するために，惑星ほぼ 3 個分に相当する量が必要になる可能性がある（国際連合広報局，2016）。

2. 資源の分類

本章の冒頭で無限の資源は事実上存在しなくなったと述べた。有限の資源は 2 種類に分類される。枯渇性資源と再生可能資源である。

枯渇性資源は，資源の総量が限られており，（数百年単位では）資源量が増加しない。原油をはじめとする化石燃料や鉱物資源が該当する。化石燃料は本来生物由来の資源であるが，生物が化石燃料に転換するためには長い期間が必要であるため，再生可能であるとはみなされない。

再生可能資源は，資源量が短期間で回復する資源である。自然エネルギーと生物資源が主に該当する。自然エネルギーは，供給量が決まっており人為的には操作できない。できるのは，利用効率を変化させることだけである。一般に自然エネルギーは消費しなければ自然界に拡散し，

いずれはエネルギー放射として宇宙空間に放出される。生物資源は，利用すればなくなるものの，該当する生物が生息する生態系が健全であれば，一定期間ごとに資源量が増加する。

　なお，これらの資源は自然界に存在する「まだ利用されていない」資源と，人類が採掘・抽出・採取して利用したあと，再生（リサイクル）して使用する再生資源とに分けることもできる。再生可能資源と再生資源は別の概念である。

3.　資源の利用可能性（アクセス）

　資源には，理論上存在するあるいは利用可能な「賦存量」と，人類が現在の技術で利用可能な「利用可能量」の二つの概念が存在する。技術革新によって，利用可能量は賦存量に近づく。これは，採掘技術の高度化によって現在利用可能でない資源を利用できるようになったり，採掘の効率化によって経済的に利用可能になるなどの理由が考えられる。

　後者の経済的な利用可能性は，利用者の経済環境によっても利用できる資源が異なってくる。この問題は資源へのアクセスの問題として知られている。例えば，市場でプロパンガスが販売されていたとしても，それを購入する金銭的余裕がない貧困層にとっては，その燃料は入手できない。また，徒歩しか移動手段がない人にとっては，徒歩で 8 時間かかる場所に無料で使える水源があっても，それは事実上利用できない水源である。

　このように，当事者が現実的にその資源を入手できるかを考慮したものがアクセスである。SDGs では，燃料や水以外でも，基礎的な保険サービスや教育，市場情報などへのアクセスを確保することを目標としている。

4. 枯渇性資源

（1）概要

　枯渇性資源とは，埋蔵量が決まっており，今後増える見込みのない資源のことである。なお，これらの資源は数百年単位では資源量が増加する場合があるかもしれないが，それだけの長期間の間に資源が再生しても，人類の利用速度が再生スピードを大幅に上回ると考えられる。そこで，「少なくとも 100 年程度の間に顕著な増加が期待できない資源」とここでは定義しておく。

　枯渇性資源がどの程度存在しているのかについては，いまだ採掘していない資源の量=埋蔵量という言葉が使われる。ただし，埋蔵量については，究極埋蔵量，確認埋蔵量，可採埋蔵量などの用語も使用されている。究極埋蔵量は理論上存在すると想定される埋蔵量である。確認埋蔵量は，究極埋蔵量のうち，すでに発見されている資源量のことである。可採埋蔵量は，確認埋蔵量のうち，技術的・経済的に採掘が可能な資源量である。一般に「埋蔵量」という場合にこれらのどの用語を指すかは明確ではないため，文脈から判断する必要がある。

（2）原油の可採年数

　可採埋蔵量を現在の年間採掘量で割ったものが可採年数である。可採年数は，可採埋蔵量と年間採掘量が変化することで，変化する。

　例えば，原油の可採年数は，1988 年に 40.4 年であったが，現在は約 50 年である。1988 年から 30 年以上が経ち，可採年数も 10 年程度になるはずであるが，実際にはむしろ増加している。

　これは，可採年数の計算方法をもう一度見るとよくわかる。可採年数の定義は次のとおりである。

$$可採年数 = \frac{可採埋蔵量}{年間採掘量}$$

　つまり，可採埋蔵量が増加するか年間採掘量が減少する，あるいはその両方が起これば，可採年数は増加する。そして 1988 年以降，原油の可採埋蔵量は増加してきた。その原因は主に技術革新による。すなわち，従来費用的に採掘が困難であった油田から低コストで原油を採掘できるようになった。特に，2000 年代に起こったシェール革命は，岩石（頁岩）に閉じ込められていた原油・天然ガスを低コストで抽出できるようになった。これにより，可採埋蔵量が大幅に増加した。

　一方で，気候変動などを理由とする省エネ技術の普及により，石油消費の増加は鈍化している。特に OECD 諸国の消費は 2005 年以降，減少傾向にある。

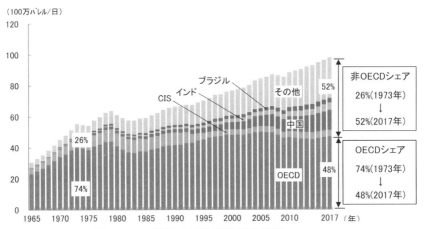

図 12-1　世界の石油消費量の推移
出所：資源エネルギー庁（2019）

(3) 資源価格変動の影響

ところで，経済理論的には資源の枯渇は起こらない。なぜならば，資源の残存量が減るにつれて供給者がつける資源価格が上昇し，最後の一滴にはほぼ無限の価格をつけるからである。

おそらく現実世界でも同様のことが起こり，資源の枯渇は実際には起きないだろう。それでは，資源の枯渇を意識する必要はないのだろうか。

1970 年代に二度のオイルショックが世界を襲った。日本でも「石油がなくなる」と言われ，社会がパニック状態に陥った。しかし，実際には化石燃料の枯渇が間近になったのではなく，産油国が生産を絞ることと取引価格を引き上げたことにより原油価格が急激に上昇した。つまり，物理的に資源が枯渇したのではなく，資源価格が上昇することで，資源の供給（採掘）価格を多くの消費者が支払うことができない状況となった。

この状況を簡単な図 12–2 で表してみよう。図の横軸は資源量，縦軸は資源価格である。需要曲線は右下がり，供給曲線は右上がりの曲線で

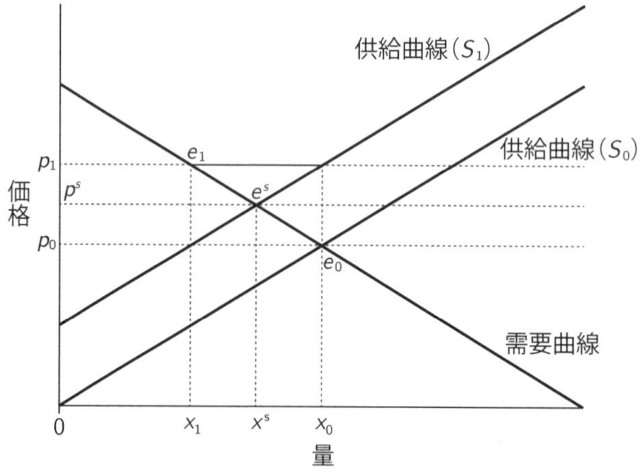

図 12–2　過少供給

描かれている。

　当初この市場は e_0 で均衡していた。しかし，生産者側の判断で供給曲線が S_0 から S_1 にシフトしたとしよう。同時に供給量を x_1 へと削減する。これは，オイルショック時に OPEC が供給価格を引き上げ，生産量を減らしたことに対応する。このとき，供給価格は p_1 となる。この変化は急激に行われたため価格 p_1 のもとでの需要量は x_0 のままである。このとき，供給量に対して需要量が多いので，超過需要あるいは過少供給の状況である。なお市場に OPEC 以外の供給者がいなければ，供給量が x_1 に固定される。次に，この市場では取引量と価格が均衡するように別の供給者からの供給が増えるなどして調整が行われるため，最終的には，e^s (x^s, p^s) の点で取引が行われる。

　x_0 と x^s の差はどのようにして調整するのだろうか。市場メカニズムの観点からは，需要と供給が自動的に調整されて均衡が達成されているので問題はない。しかし，現実にはオイルショックで発生したように社会に大きな影響がある。

　取引量が x_0 から x^s に減少した分は，需要者全体が消費量を減らすことによって行われる。原油は一般家庭では暖房等の燃料や電気（の発電源）として利用されている。そのため，原油価格の変動は消費者の光熱費に反映される。一部の消費者は毎月の光熱費の負担が重いと感じ，消費電力量を減らすことで需要を減らすかもしれない。けれども一部の消費者にとってはこれ以上節約する余地がなく，例えば暖房や冷房をあきらめる必要があるかもしれない。もちろん，冷暖房をあきらめることは，生活の質を著しく下げるし，健康や生命への危険も生じうる。つまり，取引量が x_0 から x^s に減少することは，消費者の生活に影響を与えるし，光熱費の変化に耐えられない貧困層ほど大きな影響を受ける可能性がある。

　SDGs 時代になり，世界全体で資源の枯渇に対する認識が広がるなか
で，可採埋蔵量を掘り尽くしてしまうようなことは考えにくい。今後も
「資源の枯渇」で問題となるのはおそらくこちらの過少供給の問題であろ
う。過少供給が起きるのは，生産者が資源からの収益を最大化しようと
して生産量をコントロールするためもあるが，需要の拡大スピードに供
給スピードが追いつかないことも考えられる。近年のように中国やイン
ドの急成長で需要が急拡大する場合には過少供給の問題が起きやすい。

5. 資源生産性，資源利用の効率化

　資源に限りがあるときには資源消費量の節約をまず考えるだろう。生
産物を 1 単位作るためにどの程度の資源を消費するのかを表す指標を資
源生産性と言う。資源生産性の推移をみることで，生産が効率化してい
るかどうかを評価できる。

　例えば，ペットボトル一本当たりのプラスチック資源の利用量は，
2014 年と比較して 2020 年には 25.3%減少している。つまりペットボト
ルは 2014 年から 2020 年の間に資源生産性が 25.3%改善した。

> 推進協議会による 3R 推進のための自主行動計画 2020 において，
> 「指定 PET ボトル全体で 25%の軽量化（2004 年度比）」を目標
> に設定しています。2020 年度は全体で 25.3%の軽量化となり目
> 標を達成しました。
> 個別では，対象容器の主要 17 種のうち 7 種で前年度より軽量化
> が進み，また 9 種で，2020 年度軽量化目標値を達成しました。
> （PET ボトルリサイクル推進協議会，2023）

　資源生産性は単に資源消費を節約するためだけに使用される概念では
ない。「資源生産性を 4 倍にすることで，資源消費を 2 分の 1 にしなが

ら，豊かさを 2 倍にする」という方法がファクター 4 として，1995 年に
提案され大きな注目を集めた（ワイツゼッカー他，1998）。ファクター
4 のもとでは，資源生産性を 4 倍にするが，その一部を消費生活水準の
向上に向ける。提案当時は地球環境保全意識は高いものの，生活水準を
犠牲にしたくないという経済優先の考えが根強かった。ファクター 4 の
提唱はこの風潮を変えることに貢献した。

　次に，灯りについての資源生産性を消費電力と二酸化炭素排出量の観
点から見てみよう。灯りの場合，どのタイプの光源を使用するかとどの
エネルギーで発電した電気を使うかという 2 つの観点がある。

表 12-1　電球を替える影響

	白熱電球	蛍光灯	LED	原単位
石炭火力	427	85	56	975
天然ガス	227	45	30	519
太陽光	23	5	3	53
消費電力（wh）	100	20	13	

（単位：kw，原単位は g-CO_2/kWh，二酸化炭素は g-CO_2）
※ 一日に 12 時間 365 日点灯する
　　　出所：今村他（2016）；環境省（2012）

　電球のタイプを白熱電球から蛍光灯，LED に替えることで明るさを
維持したまま，消費電力は 100 から 13 まで減少する。また，発電源を
石炭火力から天然ガス，太陽光に替えることで，二酸化炭素排出量が減
少する。

　表からは，石炭火力を用いた電力で白熱電球を用いるときに二酸化炭
素が 427g-CO_2 発生していたのに対して，太陽光を用いて LED を使用
することで 3g-CO_2 に減少する。これは資源生産性が 99% 改善したこ

とに相当する。

6. バックストップ技術，代替技術

　資源が枯渇するにつれて価格は上昇するが，どこまでも上昇するのであろうか。

　一般的な資源の場合，枯渇しそうな資源を使わず，同じような効果をもたらす代替技術がある。化石燃料の代替品として太陽エネルギーがあるし，鋼板の代わりとしてセラミックやカーボン素材がある。ただしこれらの代替技術は，元の資源が豊富にある状況では価格競争力がなく，導入されることはない。

　しかし，資源の枯渇とともに資源価格が上昇すると，代替技術が価格競争力を持つ水準に到達する。この時点で代替技術が市場で選択されるようになりはじめて，元の資源を置き換えるようになる。代替技術はこのように資源が無限に上昇することを食い止めるような役割をする。そこで，野球のバックネットになぞらえて，代替技術はバックストップ技術と呼ばれる。

　図12-3では，横軸に資源の総消費量，縦軸に資源価格を表している。資源の総消費量がもともとの賦存量（x_e）に近づくにつれて，資源価格は上昇し，最終的には無限大に発散する。しかし，資源は x_e まで消費されることはない。資源の総消費量が x_b，価格が p_b の水準に到達すると，そこには，バックストップ技術が存在する。そのため，この時点で代替技術が市場で選択されることとなる。

7. 再生可能資源

（1）再生可能資源の収穫モデル

　再生可能資源とは，短期間に資源量が増加する資源のことを言う。主

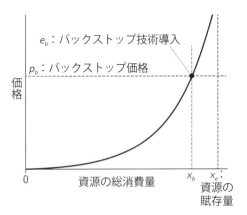

図 12-3　バックストップ技術の例
出所：筆者作成

に生物資源が該当するが，自然エネルギーなども含まれる。なお，生物資源は，資源量が一定以下になると復活しない。

　再生可能資源は，「生態系」という資本から生まれる。生態系は，ある一定の地理的範囲に含まれる地質や生物の全体を意味する。生態系については，第 14 章で詳しく解説する。

　例えば，再生可能資源の一種である漁業資源は，乱獲することで漁獲量が激減したりなくなったりする。そこで一部の魚種・漁場では漁業活動に何らかの規制を行っている。漁業者としては，漁獲量が多いほど望ましいと考えられるため，規制の現場では，どこまで収穫してもよいのか，ぎりぎりの量を見極めて規制を行っている。

　経済理論的に資源量と漁獲量の関係を考えたものが，図 12-4 である。図の横軸は資源量で，縦軸が資源の増加量と漁獲量である。ある資源量 X のもとで一定期間に増加する資源量をプロットしたものが曲線 Y である。資源量が一定（$x_{\min}$）以下になると，資源量は増加ではなくむし

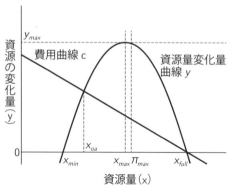

図 12-4　最適な漁獲量
出所：筆者作成

ろ減少する。また，ある生態系に特定の生物が一定数（x_{full}）以上生息するようになると，その生物の個体数は減少する。資源の増加量は個体数が x_{min} を超えると増加しはじめ，x_{full} との間の資源量 x_{max} で最大となる。

　以下では前提として，漁業者は資源量を人為的に減らすことはしないものとして，資源の増加分のみ漁獲するものとする。それゆえ，漁獲費用を考慮しなければ，x_{max} における増加量 y_{max} を毎年漁獲すると，資源量を維持したまま漁獲量を最大化できる。また，この漁場には漁業者が多数いるものとする。

　次に漁獲のための費用を考慮しよう。漁獲量 1 単位の価格を 1 として，x_{full} の時点でかかる漁獲費用を 0 とすると，費用曲線は図の c のようになる。資源量が多いときには漁獲費用は低いが，資源量が減少するにつれて，資源の探索コスト等がかさむため，漁獲費用が多くなるという想定である。

　このような想定のもとでの利益は，資源価格 × 漁獲量 − 漁獲費用 で

あり，資源価格を 1 と仮定しているため，利益 = 漁獲量 − 漁獲費用 となる。このとき，利益が最大になる資源量は $x_{\max}$ よりもわずかに多い量，図では $x_{\max}$ の少し右（$\pi_{\max}$）になる。なお，この利益は社会全体での利益である。

　この漁場には漁業者が多数いることを想定していたことを思い出そう。各漁業者は，利益がプラスである限りは漁獲を続けようとする。このとき漁業は利益が 0 になる点，つまり資源変化量曲線 y と費用曲線 c の交点，資源量で言えば x_{oa} で操業される。この水準をオープンアクセスと言う。オープンアクセス（x_{oa}）が資源量が自然に減少する水準（$x_{\min}$）よりも右側にあることは，操業コストが図のようであれば資源は枯渇しないことを意味する。

　しかしながら，オープンアクセスのもとでは漁業者の利益がないため，何らかのルールを設けて，最適漁獲量（$\pi_{\max}$）を実現することが望ましい。

（2）漁獲量規制

　再生可能資源を枯渇から防ぐために，理論上の最適漁獲量を現実世界で実現するためのルールづくりがさまざまに行われている。本項では漁獲量規制を例にとって紹介する。

　そもそも漁業資源など生物資源は取りすぎると枯渇してしまうことは古くから認識されていた。そのため，日本の伝統社会では，これら共有資源については，参入者を規制するような利用規制が実施されてきた。例えば，河川における漁場について，利用者を入札で決める事例がある。漁場をいくつかの区画に分けて，入札で高い価格を提示した者から条件の良い漁場を利用できるようになっていた。

　近年では，漁業協同組合が漁場の利用権を保有して，組合員のみが漁

場を利用できるようにしている。ただし，いくら組合員に利用を制限しても，組合員が資源を採取しすぎれば，やはり資源は枯渇してしまう。そこで，漁場における収穫ルールがいくつか提案され，実施されている。

　まず，日本で最も一般的に導入されているのが，総量規制（TAC: Total Allowable Catch）である。実際には総量規制と併せて漁期を制限するような規制も実施されることが多い。総量規制は，漁場全体の漁獲量が上限に達した時点で操業ができなくなる。そのため，できるだけたくさんの漁獲を上げるために，事業者間での競争が激しくなる。漁獲を増やすためには船を大きくしたり，技術投資をすることが有効であるため，過剰投資になる傾向もある。その他，価格の安い小型魚は海洋投棄されてしまうなどの弊害も多く知られている。

　TACを克服するために考えられたのが，個別割当方式（IQ: Individual Quota）である。IQ方式では，船や事業体別に漁獲量を規制するため，事業者間の過度の競争を防ぐことができる。小型魚の投棄は防げない。また，初期割当を使い切れない事業者もいるであろうから，漁場全体としては本来の漁獲量よりも少ない漁獲量しか収穫できないことになりかねない。

　IQ方式で，割り当てられた量が余るのであれば，余った分をもっと操業したい事業者が買い取って創業できるようにしてはどうかということが考えられる。これが，ITQ方式（取引可能な個別割当方式；Individual Transferable Quota）である。ITQ方式は経済学でいう許可証取引制度そのものである。ITQ方式が漁業資源を保護しながら効率的な運営も行えることは知られているものの，日本での導入は進んでいない。

　なお，IQ方式にせよITQ方式にせよ，初期割当の問題は発生する。これは例えば，次のような事業者にどのように割り当てるべきかという問題である。

1. 設備は保持しているもののここ数年操業していない事業者
2. 割当を見越して駆け込みで設備投資をした事業者
3. ちょうど割当のタイミングで操業を開始しようとしていた事業者

　このような初期割当の問題は，例えば気候変動問題における国別の温室効果ガス削減目標の設定においてもやはり問題となる。そして初期割当を決定するためには，相当量の交渉努力が求められることとなる。しかしながら，いったん初期割当ルールが決定されれば，その後の運営は効率的である。
　漁業においては，上記のような市場メカニズムを用いた方法以外にも，技術的な規制なども導入されている。例えば，小型魚の漁獲を防ぐために網のサイズを決める方法なども導入されている。この他にも，天然資源から養殖への移行や，天然資源から代替資源への移行も取り組まれている。

本章の参考文献

PET ボトルリサイクル推進協議会（2023）「PET ボトルの軽量化」
　https://www.petbottle-rec.gr.jp/data/weight_saving.html
エルンスト・U. フォン・ワイツゼッカー，L. ハンター・ロビンス，エイモリー・B.
　ロビンス（1998）『ファクター 4　豊かさを 2 倍に、資源消費を半分に』佐々木建
　訳，省エネルギーセンター
今村栄一，井内正直（2016）「日本における発電技術のライフサイクル CO_2 排出量
　総合評価」『電力中央研究所報告』Y06, p.84.
国際連合広報局（2016）「我々の世界を変革する：持続可能な開発のための
　の 2030 アジェンダ」（外務省仮訳）https://www.unic.or.jp/activities/eco-
　nomic_social_development/sustainable_development/2030agenda/
環境省（2012）「中央環境審議会地球環境部会参考資料 1-1.　火力発電について」

https://www.env.go.jp/council/06earth/y0613-16/ref06-16.pdf
福嶌義宏（2008）『黄河断流―中国巨大河川をめぐる水と環境問題』昭和堂
資源エネルギー庁（2019）「平成 30 年度エネルギーに関する年次報告（エネルギー
　白書 2019)」

学習課題

1. 資源へのアクセスの問題がなぜ生じるのか，どのようにすれば解
　決できるのか考えよ。
2. 枯渇性資源と再生可能資源の違いをまとめよ。
3. 漁業資源には再生可能資源を適切に管理する試みがある。事例を
　調べて，収穫モデルと比較せよ。

13 | インフラ・都市・産業化

《目標＆ポイント》　現在，世界人口の約半数=35 億人が都市で生活している。都市生活はエネルギーや資源利用の面で効率的である反面，集中による弊害も多い。人が生活するためには，生活に必要なインフラ整備が必要である。

　SDGs においては，人の居住空間について，インフラ整備と都市経営，産業について持続可能性が必要であると指摘している。インフラ整備については，まずは世界中の人々に十分なインフラを行き渡らせることが必要である。都市については都市の成長・衰退・再生のプロセスを紹介したうえで，都市が生み出すさまざまな弊害の抑制・解決について解説を行う。最後の産業については，製造業を事例に解説する。

　そもそも，都市は人間が集中することで機能が充実し，成長していく。一方，ある程度の規模に成長した都市は集中の弊害が発生し，衰退のプロセスに向かう。また，都市の衰退は中小都市から大都市への人口移動，産業の新陳代謝等によっても起こる。これらの都市を再生させるための方法についても本章で解説した。

　本章に関連する目標は 9，11 である。

《キーワード》　都市化，都市の盛衰，都市への人口集中，インフラ整備

1.　インフラ・都市の強靭さ

　都市は人々が居住し社会生活・経済生活を営む場である。また，都市に限らず人が居住する場所は道路ネットワークで接続されており，エネルギーや水道などの生活インフラが確保されることが望ましい。MDGs 時代からそうであったが，SDGs の目標にもこのような人々の生存を担

保する最低限の設備の整備が不十分な地域はまだ多い。一方で，日本ではほぼ100％の住民がインフラが十分に整備されている地域に住んでいる。

インフラとは，人々の生活を支えるさまざまな資源を提供する仕組みである。インフラには電気・ガス・水道・電話・道路などが含まれる。

2015年当時，世界で25億人がトイレなどの基本的な衛生施設を利用できていない他，水資源にアクセスできない人々もほぼ8億人近くに上っていた。電気は26億人が十分な量・質の供給を受けていなかった。なお，携帯電話網は人口の95％をカバーしていた。一方，2021年時点でインターネットを使用しているのは，人口の63％である（国連広報部，2015；United Nations, 2022）。これらインフラが十分に整備されていない地域は，アフリカのサハラ以南の国々など一部地域に集中している。

SDGsの目標9，11はインフラが整備されていない地域だけではなく，十分に整備された地域をも想定している。なぜならば，インフラがすでに整備されていても，災害等で居住環境は容易に影響を受ける。気候変動の影響で気象災害が大規模化している現在，災害によりインフラが破壊された際に迅速な復旧が望めない国や地域も多い。

先進国の都市では，インフラの老朽化も深刻な問題として認識されはじめている。例えば日本では戦後に急速に整備を進めたインフラが老朽化し弊害も起こりはじめている。老朽化したインフラは災害に対して脆弱であるし，高齢化の進む都市ではインフラの再建費用を負担することができないため，再建もままならない。

このようにインフラが整備されていたとしても，何らかのショックでインフラ網は容易に影響を受ける可能性がある。このような外的なショックに対して，障害を受けにくかったり障害が発生しても速やかに

復旧できることをレジリエンス（Resilience, 強靭さ）と言う。

　なお，レジリエンスの重要性は，先進国をはじめとする世界全体で認識されているため，SDGs では強靭性が重要な課題として目標に掲げられるに至ったと考えられる。

2. 持続可能なインフラ整備

　人々の生活を支えるインフラは，現在十分にインフラが整備されていない場所にどう整備するかという問題だけではない。既存インフラが災害・老朽化などで使用が困難になった際の復旧・更新に関わる問題もある。

　インフラ整備は人口がまばらであったり，都市部からの距離が遠い地域で特に問題となる。例えば道路や電力網の整備には大きな費用がかかるため，国全体にくまなく行き渡らせることは困難である。しかしながら，インフラ整備は生産性だけではなく公衆衛生も改善することが知られており，地域の発展のためには不可欠である。特にアフリカの低開発地域ではインフラの未整備により，企業の生産性が約 40％損なわれている。

　低開発地域にインフラを整備するためには先進国で一般に使われている方法だけでは不十分である。例えば，特に電力分野で取り入れられている分散型の発想が有効である。家屋ごとに太陽光発電で発電を行ったり，プロパンガスを設置するなどが考えられる。下水についても下水道網を整備するよりも浄化槽の設置が低コストになりうる。北欧では暖房については一定範囲に対して熱を供給する地域熱供給システムも導入されている。

　開発経済の分野では，「適正技術」を供与することが必要であることも知られている。適正技術とは対象地域の技術水準に見合った技術のこ

とで，現地で対象となる施設・設備を維持管理できることを言う。例え
ば，技術者がいない地域に原子力発電施設を供与しても，故障時の対応
だけでなく，定期的なメンテナンスすら困難である。

　途上国に適正技術を整備するために，建設に地域住民が関わる方法も
有効である。第7章で紹介したインドのトイレをはじめとする上下水道
システムがその一例である。インドの NGO による上下水道システムは
住民自らが設備の建設に参加することにより，通常なら月に一世帯当た
り 20 ドルの負担が必要な上下水道を 4 ドルで供給できる（バナジー，
デュフロ，2012, p.73）。さらに，障害が発生した際に，自分たちでメン
テナンスすることもできるようになった。そのため，設置はしたものの
利用が広がらなかった上下水道システム，特にトイレの利用が広がるよ
うになった。

3.　都市の成長と衰退・再生

（1）都市のライフサイクル

　持続可能な都市とはどのような都市だろうか。ここでは，都市のライ
フサイクルを考えることで持続可能な都市像を考える。

　原料のある場所や取引に都合が良い交通の結節点などに産業が生ま
れ，人が定住することで都市が発生する。その後都市は，産業の成長と
ともに拡大する。成長の過程で産業を支援する産業が生まれたり，増加
する都市住民に財やサービスを供給する産業が発生し，成長する。これ
を都市化の経済と言う。都市を生むきっかけとなった産業は時代の推移
とともに役割を終え，衰退することもある。産業革命を支えた炭鉱業が
その代表例である。一部の都市は，主要産業の衰退とともに衰退するが，
都市が成長途上に生まれた別の産業が主要産業の地位に取って代わる場
合もある。例えば，炭鉱業が衰退する一方で炭鉱労働者を支える鉄鋼業

が成長する場合もあるし，労働者を支えてきた食品加工業が成長する場合もある。このように，都市から次々に産業が生まれる場合，都市は主要産業が衰退しても，別の産業を軸に成長を続ける。このように，都市産業が持続可能であるためには，主要産業が健全であり続けるか，都市化の経済が生まれ，産業が次々に生まれる環境ができあがることが望ましい。

（2）都市への人口移動

　都市は成長の過程で，雇用が拡大するなどの理由で多くの人を引きつける。2015 年時点で世界人口の半数に当たる 35 億人が都市に暮らしていた。都市部への人口集中傾向は今後も続くと考えられ，2030 年までには，都市部の人口は世界人口のほぼ 60% を占めると推測されている。また，都市は全世界のエネルギー消費の 60 から 80%，炭素排出量の 75% を占めている（United Nations, 2023）。

　都市部に人口が集中することの大きな理由は非都市部から都市部への人口移動（社会移動）である。このような人口移動が生じる原因として大きく分けて地方から人を押し出すプッシュ要因と人口を都市が人を引きつけるプル要因の二つが考えられる。

　プッシュ要因は，非都市部で養える人口が限られていることである。特に伝統的な社会では非都市部において農地等を相続できるのは長男のみであることが多く，それ以外の兄弟姉妹は地域内で婚姻相手を見つけるか，都市部に移住して職を見つける必要がある。

　プル要因には次の 4 つが考えられている。すなわち，1）移動の不可能な生産要素の集中，2）生産における空間的な規模の経済，3）都市化の経済，4）公共財の存在である。

　1 は都市の成立にも関わる。都市はそもそも移動が困難・不経済な原

料が存在する場所に立地する。そのため，その原料を使用する産業が経営されている限り，生産拠点としての役割が継続する。

2の「生産における空間的な規模の経済」は，ある企業が特定地域に集中的に投資をすることで，企業・産業の経営が効率化することである。企業は，小さいエリアに集中して生産を行うことができるため，移動コストを最小化できるし，設備の稼働率を上げることもできる。

3の「都市化の経済」は，多数の産業・企業が一か所に集まることによって，余剰資源の効率的な利用や新しいアイデアの創出などが期待できるという現象である。都市化の経済が生じることで，その都市は企業経営がしやすい場所となり，さらなる投資を呼び込む。都市化の経済が生じている都市は，都市を生み出すもととなった産業が衰退しても，次々に新しい産業が生まれるため，長期にわたって活力を維持することが期待できる。さらに都市に居住する人口が存在することによって，芸術・食文化といった都市住民に対するサービスも充実する。

4の公共財の存在は，都市住民が多くなることにより，共同で使用できる公共財がより多く提供される現象である。人口が多くなれば公共財の利用率が向上するため，公共財がさらに供給される。

1〜3の理由により都市にはより多くの雇用が生まれる。3，4の理由により，都市は非都市部と比較して暮らしやすい場所となる。

（3）大都市集中の弊害：日本の公害の克服

人口の都市への集中は都市機能を高度化し，利便性を高める一方で，弊害も生み出す。これは集積の不経済と呼ばれる。集積の不経済には，土地価格の高騰や都市の郊外化，人口集中による混雑，自然環境・生活環境の悪化などが含まれる。

地価の上昇

　一般に都市は中心から同心円状にその利用形態が次のように変化すると言われている。中心部分から順にオフィス，百貨店・高層マンション，住商工が混在する地区，低層・一戸建ての住宅，農地である。この同心円モデルはチューネンが考案したため，チューネンリングと呼ばれる。

　都心部は利便性が高く，収益性も高いのでより高い地代を支払ってでも土地を使用したいと考える利用者が存在する。チューネンリングが生まれるのは，都市中心部に行くほど地代が高くなり，その地代を支払うことができる用途が限定されるためである。すなわち，ある土地にその利用者が支払いたいと考える地代（＝付け値地代と言う）がある。同じ土地を利用したい人が複数いる場合，その土地を利用できるのは，最も高い地代を提示したものである。なおここで言う地代は賃貸と所有の両方を想定している。

　図は都市中心部からの距離と各主体の付け値地代を表したものである。まず，都市中心部である O から x_1 では主体 A〜E が土地を利用したいと考えている。このうち，主体 A が最も高い付け値地代を提示して

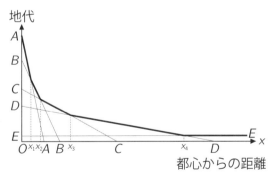

図 13-1　付け値地代曲線
出所：黒田他（2008, p.61）

いるため，主体 A がこの土地を使用する。$x_3 \sim x_4$ の間では主体 C，D，E が土地を利用しようと考えている。ただし主体 C はすでに $x_2 \sim x_3$ において土地を確保しているため実際に $x_3 \sim x_4$ で土地を利用しようとするのは主体 D，E のみである。ここでは主体 D がより高い地代を提示し利用権を獲得する。

付け値地代曲線に従って居住者の分布を考えると，都心部にはより所得の高い者が居住し，都市の外縁部に行くに従って居住者の所得が低下する。しかし，現実の都市はこのようにはなっていない。都心部に近い場所に低所得者が住んでいることも多い。これは仮に所得が低くても，深夜に労働する人などは郊外に居住すると通勤が著しく困難になるためである。実際に，例えば深夜にオフィスの清掃を行う労働者のように都市の生産を支える業務は存在するため，都市としても一部の低所得者が都心に住むことは望ましい。このような低所得者が都心部に居住するために，居住面積の小さい住戸に居住することが考えられる。仮に付け値地代が低くても，居住面積を減らせば，全体としての支払額を抑えることができるからである。

低所得者を都心に住まわせるために，一定の条件を満たす住戸の家賃に上限を設ける方法もある。それがアメリカを中心に導入されてきた家賃規制・統制制度である。

家賃規制制度は一見望ましい制度であるが，高所得者が自らの居住地区に低所得者が住むのを望まず，郊外に移転してしまう問題が観察されている。また住居の所有者は家賃の上昇が認められないため住宅設備への投資を控える傾向もあり，提供される住居の老朽化が起こる。この結果，該当する地区から高所得者が転出してしまい，低所得者のみが住む地域となってしまう事例も見られる。

家賃規制はアメリカにおいては現在も積極的に利用されている。例

えば，2022 年 1 月の全米主要都市の家賃は平均 1,891 ドルと前年同月比 15％上昇したと言う。これを受けて，コロラド州やミネソタ州，カリフォルニア州などでは家賃の上限を定めたり上昇幅を制限したりする制度が相次いで導入された（日本経済新聞，2022）。

　一方，日本では，家賃規制はあまり一般的ではない。公営住宅では所得に応じた家賃の設定が行われているし，一般住宅においては家賃補助制度を導入する自治体も多い。

都市の郊外化

　都心の地価が上昇するにつれて都心に立地する必要のない産業，生産性の低い産業などは郊外へと移転していく。この傾向は住宅も同様で，都心の地価を高いと感じる住民は自らの所得と労働・生活の利便性を秤にかけて，より適切な地価の土地へと移転する。

　都心から離れた場所に人が居住するために，都心から離れた場所が住宅地として開発される。この際に適切な規制や計画がない場合には，都市は無秩序に外に向けて開発され，都市周辺の緑地をはじめとする景観・生態系が破壊される。このような都市の無秩序な拡大をスプロール化と言う。なお，中心部から人が移出し，中心部の人口が減ることをドーナツ化と言う。両者は同じ現象を表す言葉であるが，開発される場所に着目するか，人口が減る場所に着目するかという違いがある。

　イギリスにおいては，都市の無秩序な拡大を規制するために，都市の外縁部に緑地（グリーンベルト）を残すことを定めている。同様に日本においては地区ごとに用途を定めるゾーニング制度を導入している。

　人口が郊外に移動し，都市が拡大したとしても，産業が都心に集中する以上，人々は都心に通勤する。そのため，特に通勤時間には多くの人が都市中心部に移動しようとして，混雑が発生する。東京をはじめとする大都市の交通機関の混雑を想像すればよい。日本の大都市では公共交

通機関が充実しているため多くの住民・通勤者が公共交通機関を利用する。そのため通勤時間の混雑は殺人的なものとなっている。一方でアメリカ等の一部都市のように車での通勤が一般的な地域では道路の交通渋滞が深刻化している。

　通勤時間の渋滞を緩和するために，時差通勤の推進や自動車の乗り合いを推進し，乗り合い専用レーンを設定するなどの取り組みも一部都市ではみられる。また，会社自体を郊外に移転することも検討されている。しかし日本では，本社や中央省庁の移転を実施する例はあまり多くない。2023年に文化庁が移転したが，それに続く省庁はみられない。

都市の環境問題

　都市に人口が集中する弊害は環境問題としても表れる。例えば，日本の都市では，戦後，大気汚染や水質汚濁，地盤沈下といった公害問題が発生した。四大公害のうち，四日市ぜんそくは都市近郊のコンビナートからの排気ガスが，都市住民に健康被害を与えるものであった。1959年には工場からのばい煙や自動車の排気ガスが原因で東京で光化学スモッグが発生し，生活環境に影響を与えた。

　1980年代からは都市の廃棄物の問題がクローズアップされるようになった。特に，処理したごみをどこに埋めるのか，すなわち，ごみの最終処分場の問題は，大都市では深刻であった。2000年に制定された循環型社会形成推進基本法において，重要な課題として意識されていたのが最終処分場の延命である。2000年当時，最終処分場の残余容量は14年であり，新な処分場の確保が困難になるなか，対応が求められていた。

　大都市の埋め立て処分場に関しては，愛知県名古屋市の例を紹介しておく。1999年，愛知県名古屋市がごみ非常事態宣言を出した。この直前に，名古屋市では17年かけて準備してきた藤前干潟を埋め立てて，最終処分場とする計画を環境庁や世論の批判によって断念することとなっ

た。当時想定されていた最終処分場の残余容量は 2 年程度であり，緊急でごみの減量を行わなければ，ごみの収集が立ち行かなくなる可能性すらあった。緊急事態宣言のもとで減量に取り組んだ名古屋市は，1 年間で 20%の削減に成功し，その後も順調にごみ量を減らし，2010 年を目標年として，1999 年に策定した減量計画を 2 年で達成した（松原，2001）。

（4）都市・インフラの衰退と再生

　一度建設されたインフラは一定期間後に更新する必要がある。例えば日本では，「全国約 72 万の道路橋梁については，建設後 50 年を経過する施設の割合は，2019 年（令和元年）3 月時点では 27%であったが，2029 年 3 月には 52%へと急増することが予想されている」（国土交通省，2021，第一部第 2 章）。しかし，農山村・中小規模の都市が人口を失うなかで，これらの更新費用をどのようにまかなうべきか，あるいはインフラを更新しないという選択がありうるのか，現在は方向性が提示されていない。この点，国土交通省は都市機能を都市中心部に集中することで，資源の集中をはかるコンパクトシティを推進している。コンパクトシティについては，富山市が都心部に路面電車を設置するなどの取り組みを行うなどの取り組みで知られている。

　ところで，大都市中心部における人口集中と郊外化の進展のなかで，大都市中心部には低所得者層が住む地域も形成される。このような地域が治安の悪化等でスラムと呼ばれる場所となる。世界では 2015 年現在，スラムに 8 億 2,800 万人が暮らしていたが，その数は増加の一途をたどっていると言われている。スラムは，ドーナツ化現象により経済活動が外部に流出することで，その地域の活力が低下した結果誕生する。スラムではドーナツ化により，一定以上に空き家が増えたり，不法滞在者や低所得層が居住するようになることで治安が悪化し，さらに活力が低

下する。

　都市全体の視点からみるならば，スラム化したエリアは本来利便性が高く，都市の経済活動において有利な地域である。そこで，そのような地域を再び活用しようという機運が生まれる。それが，再開発やジェントリフィケーションと呼ばれる手法である。

　再開発やジェントリフィケーションは，スラム化した地域だけではなく，都市の活性化手法として一般に利用されている。例えば，日本では，東京 23 区，大阪駅周辺地区等が大規模な再開発を行い，都市の再生を実現している。また，地域の魅力が低下したことで，人口を失い，投資も行われなくなった地域に新たな住民が入り込むこともある。地域の寂れた雰囲気に魅力を感じる芸術家や商店主などである。あるいは魅力が低下したことで，家賃も低下するため，低家賃に引かれた経営者かもしれない。このように見捨てられた地域が小規模な取り組みの積み重ねによって，じょじょに活性化していくことをジェントリフィケーションと言う。

（5）都市の魅力を高める

　都市の生成と発展・再生のプロセスは都市の新陳代謝のようなものである。それだけに，都市を成長させたり都市の活力を維持することを政策的に行うのは困難である。さまざまな「地域活性化」プロジェクトが実施されているにも関わらず，都市を必ず発展させられるような処方箋は存在しない。

　この点，近年注目されている地域活性化手法に「エコノミックガーデニング」がある。エコノミックガーデニングとは，「地元企業が成長する環境をつくる」政策である（山本，2010, p.59）。エコノミックガーデニングは，企業の生存を決めるのは市場であり，行政があらかじめ決

めることができないと考える。特定の企業や産業を支援するのではな
く，企業が活動しやすい環境を整備するのが行政の役割であると考える
（山本，2010, p.72）。

　つまり，エコノミックガーデニングは，政策によって地域を担う企業
を育てることはできず，地域に存在するさまざまな成長の種が自ら芽を
出して成長できるような社会・経済環境を作ることが重要であると指摘
している。日本の地方都市が活力を失い続けるなかで，地域に存在する
次世代の担い手をいかにして発見して育てるのではなく，そのような存
在が自由に能力を発揮できるようにすることがエコノミックガーデニン
グからは求められる。

　地方都市においては，インフラの更新による効率化に加えて，交通シ
ステムの改善による物流システムの改善などが検討されている。公共交
通システムはオンデマンドシステムと自動運転の普及により様相を大き
く変える可能性がある。また，都市内の短距離移動を簡便にするマイク
ロモビリティサービスも注目されている。一方で，これらを一体として
アクセスしやすくするための方法もさまざまな試みが実践されている。
例えば，ノルウェーのオスロでは，一枚のパスで電車・バスだけではな
くタクシーやシェアサイクルなどを自由に利用できるサブスクリプショ
ンシステムが導入されている。

4.　地方の疲弊

　人口が大都市に移動するなかで，地方都市，農山村は人口を失い続け
ている。

　この点で 2013 年に注目を集めたのが，消滅可能都市である。日本の
1799 自治体のうち，896 自治体が将来消滅する可能性があるというレ
ポート（以下，増田レポート）が発表され，大きな関心を集めた。消滅

可能都市とは，2010 年から 2040 年の間に 20–39 歳の女性人口が半減する都市のことである（増田，2014, p.29）。増田レポートでは，「出生率回復が 5 年遅れるごとに将来の安定人口数三〇〇万人程度減少する結果となる」（増田，2014, p.14）と指摘し，東京一極集中が今後さらに進むなかで，東京の高齢化と地方の人口減少に対してできるだけ早く対策を取る必要があることを指摘している。

　国全体の人口が減少し，出生率が低下するなかで，大都市への人口移動が都市経済学的に自然な現象であることを考慮すると，地方の人口減少は当然の帰結である。それだけに，同様の現象は日本以外でも今後問題となる。

　この問題に取り組むために，少子化対策や若者の地方移住促進，中央省庁の地方移転などが検討されてきている。しかし，「自然な流れ」である大都市への人口移動を止めることは難しい。地方の活力を維持することに加えて，都市機能・インフラ機能を維持できる規模の都市を確保するための政策イノベーションが求められている。

本章の参考文献

United Nations (2022) *Sustainable Development Goals*,
　　https://www.un.org/sustainabledevelopment/
United Nations (2023) *Take Action for the Sustainable Development Goals*
アビジット・V. バナジー，エステル・デュフロ（2012）『貧乏人の経済学　もういちど貧困問題を根っこから考える』山形浩生訳，みすず書房
国土交通省（2021）「国土交通白書」
国際連合広報部（2015）「持続可能な開発のための 2030 アジェンダ採択 – 持続可能な開発目標ファクトシート」
　　https://www.unic.or.jp/news_press/features_backgrounders/15775/

国際連合広報局（2016）「我々の世界を変革する：持続可能な開発のための 2030 アジェンダ」（外務省仮訳）https://www.unic.or.jp/activities/economic_social_development/sustainable_development/2030agenda/
増田寛也（2014）『地方消滅　東京一極集中が招く人口急減』中央公論新社
山本尚史（2010）『地方経済を救うエコノミックガーデニング　地域主体のビジネス環境整備手法』新建新聞社
日本経済新聞（2022）「全米で広がる家賃規制　10 州超が検討、高騰で生活圧迫」『日本経済新聞』
松原武久（2001）『一周おくれのトップランナー　名古屋市民のごみ革命』KTC 中央出版
黒田達朗，中村良平，田渕隆俊（2008）『都市と地域の経済学新版［新版]』有斐閣

学習課題

1. 市が誕生してから，成長・衰退・再生を繰り返すプロセスをまとめよ。
2. インフラ整備の課題をまとめよ。
3. 人間の生活を支えるインフラを一つ取り上げて，その現状・課題を調べよ。

14 生物多様性と生態系サービス

《目標＆ポイント》 さまざまな生き物が生きる場全体を生態系と言い，その豊かさを意味する生物多様性は，気候変動問題と比較して一般の認識がまだ広がっていない。しかし，生物多様性は人類が生きていくために必要な食料などさまざまなサービスを提供するのであり，持続可能性のためには重要な概念である。

　本章では，生物多様性と生態系の関係について解説し，それらから生まれる生態系サービスについて説明を行う。生物多様性を地球全体で守るために，生物多様性条約が締結され，取り組みが進められている。

《キーワード》 生態系サービス，生物多様性，生物多様性条約，結合生産

1. SDGs（海と陸）

　SDGs 目標において，生態系の保全は陸域と海洋に分けて目標が設定されている。

　　　目標 14：持続可能な開発のために海洋・海洋資源を保全し，持続可能な形で利用する
　　　目標 15：陸域生態系の保護，回復，持続可能な利用の推進，持続可能な森林の経営，砂漠化への対処，ならびに土地の劣化の阻止・回復及び生物多様性の損失を阻止する

　現在，30 億人以上の人々が海洋と沿岸の生物多様性に依存して生活しており，世界的にみると，海洋・沿岸資源と産業の市場価値は年間 3 兆

ドルで，世界の GDP の約 5% を占めている。海洋・沿岸汚染の約 80%
は，農業排水，農薬，プラスチック，未処理下水などの陸上での活動に
起因している。

　2019 年の「生物多様性と生態系サービスに関する世界規模評価報告
書」（IPBES, 2019）によると，約 100 万種の動物や植物が絶滅の危機
に瀕しており，その多くは数十年以内に絶滅するとされている。砂漠
化により，失われた耕作地は過去の 30〜35 倍と推計されており，砂漠
化と干ばつにより，毎年 1,200 万 ha が失われている。野生生物の違法
な密猟や取引は，保護活動を阻害し続けており，120 カ国が関与する約
7,000 種の動植物の違法取引が報告されている。

2.　なぜ生態系が重要なのか：生態系サービス

（1）自然保護の思想

　なぜ自然を守るのかという問いに対する答えは多種多様だし，人の価
値観に関わることであるから，特定の答えを強制することはできない。

　けれども，現実に自然が開発されていくなかでは，自然保護の重要性
を共通の認識として持つことは重要である。

　産業革命前後から，環境汚染や自然破壊が顕著に進むようになった欧
米において，自然保護の重要性を周知させるための障害となったのがキ
リスト教の教えである。

　聖書には以下のように述べられている。

> 　「これ（人間）に海の魚と，空の鳥と，家畜と，地のすべての獣と，
> 地のすべての這うものとを治めさせよう」（創世記 1-26）（ナッ
> シュ，1999, p.140）

　聖書の文言からは，神が人間に世界のすべてを与えたと読める。これ

は人間は環境を自由にしてもよい，つまり破壊する権利すら持っているのだと解釈されてきた。

　それでも自然を保護したいと考えるキリスト教の聖職者・研究者たちは，この文言の扱いに苦慮してきた。そこで彼らは聖書の次の文言に着目した。

　　「そこ（エデンの園）を耕し，守らせた」（創世記 2-15）（ナッシュ，1999, p.140）

この文言は，自然を「自由に破壊してもよい」とは解釈できない。そこで，キリスト教は，「善良な管理人として認められる範囲であればどの様な利用も認められるが，自然を破壊尽くすことはみとめられない」と考える「自然の管理人」思想が生まれた。この思想によって，キリスト教の教えと自然保護が整合的なものとして西欧社会で受け入れられるようになった。

　一方で，アジアのようにキリスト教の影響が少ない地域では人間と他の生命を同等のものとして捉える伝統的な価値観が根付いている。このような価値観のもとでは，「自然を破壊してはいけない」ことは総論としては理解されている。ただし近代はこの価値感よりも発展が優先されるようになり，大規模な自然の改変や破壊が行われるようになった。

　絶滅が危惧されているある生物種の生息環境が開発の危機にさらされているとしよう。対象となる生息環境が個人の所有地であった場合，その場所が法律で規制されていない限りは，その土地の開発は所有者の経済的自由権に属する。そのため，その土地の保全は土地所有者の善意に期待するしかない。これに対して，絶滅が危惧されている当事者である生物種がその生息環境の保全を求める権利はあるだろうか。もしそのような権利があるならば，代理人が請求を行うことも可能である。

　まず，土地の所有者が経済的自由権を行使することを，何も権利を持たない自然の生態系・野生生物が止めることはできない。そこで，自然が破壊され，希少な生き物が絶滅していくなかで，これらを大切に考える人は，自然が権利を持つと主張することで保護を求めるようになった。つまり，人間の経済的自由権に対抗する権利として自然の権利を導入した。現代の法律においては，権利が侵害されているものはその防止・回復を求めて相手方に裁判を通じて請求を行える。権利侵害を受けている当人が請求することができない場合は，代理人が請求を行うことも可能である。

　このような「人間が自然をなぜ守るか」という議論に加えて，「自然は自分で自分を守る権利があるのではないか」という議論も行われている。一般に権利は人間（自然人）あるいは法律で人格を与えられた「法人」にしか認められないが，自然あるいはそこに生息する生物にも本来権利が認められるのではないのかという問題である。

　自然に権利があるとするならば，例えば自分たちの生息地が開発で破壊されようとしているときに，裁判に訴えて開発を差し止めることも可能である。

　日本ではアマミノクロウサギなどを原告として裁判が提起された事例がある。2001 年 1 月 22 日に鹿児島地方裁判所で，「アマミノクロウサギ訴訟」の判決が出ている。これは，奄美大島に生息する希少動物種であるアマミノクロウサギ，オオトラツグミ，アマミヤマシギ，ルリカケスを原告として，住用村ゴルフ場開発及び龍郷町ゴルフ場開発に伴う，森林法一〇条の二に基づく林地開発行為の許可処分の取消し及び無効確認を求めた事案である。自然の権利が存在するのか，そしてそれが当時の日本の法律内で保証されているのかを議論した事案として有名である。

　以下に，結論部分を筆者が抜粋・編集したものを紹介しておく。

216

- 現行の行政訴訟における争訟適格としての「原告適格」を，個人（自然人）又は法人に限るとするのは現行行政法の当然の帰結と言わなければならない。
- 法人化されたものでなくとも，自然環境の保護を目的とするいわゆる「権利能力なき社団」，あるいは自然環境の保護に重大な関心を有する個人（自然人）が自然そのものの代弁者として，現行法の枠組み内において「原告適格」を認め得ないかが，まさに本件の最大の争点
- 「原告適格」に関するこれまでの立法や判例等の考え方に従い，原告らに原告適格を認めることはできないとの結論に達した。
- 個別の動産，不動産に対する近代所有権が，それらの総体としての自然そのものまでを支配し得るといえるのかどうか，あるいは，自然が人間のために存在するとの考え方をこのまま押し進めてよいのかどうかについては，深刻な環境破壊が進行している今において，国民の英知を集めて改めて検討すべき重要な課題というべきである。
- 原告らの提起した「自然の権利」という観念は，人（自然人）及び法人の個人的利益の救済を念頭に置いた従来の現行法の枠組みのままで今後もよいのかどうかという極めて困難で，かつ，避けては通れない問題を我々に提起したということができる。

（鹿児島地方裁判所，2001）

　アマミノクロウサギ訴訟の判決は，自然の価値，自然の権利が重要であることを認めたうえで，現行法上ではそれを保証する規定が見当たらないとしている。そして，今後この問題を人類は考えていくべきであると提言している。裁判所があくまでも立法府ではない点を考慮すると，

かなり踏み込んだ裁判例であると評価できる。

　それでは今後,「権利」概念が動物や自然にまで及ぶのだろうか。ある
いはそれらまで広げるべきなのであろうか。

　人間の権利が保証されていない状況では,奴隷制度や人種差別制度の
存在が想起される。この点,1865 年にアメリカは奴隷制度を廃止して,
それまで権利を制限されてきた黒人奴隷の権利を保証した。南アフリカ
では,人種差別政策であるアパルトヘイトが廃止されたのは,1994 年
である。一方で,現代においても奴隷労働的な労働環境は依然として世
界中に存在するし,児童労働への批判が高まったのも近年である。

　人権のなかで重要なものが自らの意見を政策に反映させるための参政
権である。参政権は近代まで男性,あるいは資力のある男性に限られて
きた。参政権はフランスで 1871 年にようやく女性に拡大された。日本
においては,1945 年に 20 歳以上の男女全員に参政権が認められた。ま
た,2016 年には,選挙権年齢を 18 歳にの引き下げたし,2022 年には,
成人年齢を 18 歳に引き下げた。これらは,社会の意思決定に参加する
資格が時代とともに拡大してきたことを示している。

　時期や国はわからないが,なんらかの権利が自然や動物に拡大される
可能性はあるだろう。

（2）生態系とは

　生態系とは,「ある地域に住むすべての生物とその非生物的環境を含
むシステム：主として物質循環やエネルギー流で捉えられる機能系」の
ことである（鷲谷,1996）。よりわかりやすく言えば,一定の区域内に生
息する生き物とそれを取り巻く環境全体のことを意味する。○○干潟の
生態系,△△森の生態系などのように,ある一定の区切りで考えること
が通常である。ただし,隣接する生態系どうしで相互に影響を与えあっ

ていることもあるため，生態系を把握する目的などによって分析・議論を行う際に対象とする範囲を明確にする必要がある。

　生態系を具体的に守るためには，保全活動を実践すること，生態系の保全を産業に組み込むこと，消費者が商品選択で保全活動に貢献するなどが考えられる。

　生態系保全は，各地域における生態系の保全活動が基本になる。この活動には実態調査や戦略の策定などの計画づくりと計画に基づいた保全活動が含まれる。例えば外来種をやみくもに駆除することで別の外来種を増加させないとも限らない。真板（2013）では，草魚の駆除の際にブラックバスを一緒に駆除したことでブルーギルが増加してしまった経験が紹介されている。

　個々の生態系の保全活動を支援するための仕組みを産業に組み込むことで，継続的に生態系の保全が担保される。例えば，「海のエコラベル」は生態系の保全も含めた持続可能な方法で採取された漁業資源につけることができるエコラベルである。持続可能な木材生産を認証する仕組みとしては，FSC 認証（森林管理協議会：Forest Stewardship Council）がある。

　個人・消費者の取り組みと企業の取り組みに加えて，行政は制度設計という面から生態系を守る活動に貢献できる。例えば，保護区を設定し，維持管理に補助金を支払うことは，直接的な支援である。日本では国立公園・国定公園として区域を指定することにより，開発や生物の採取などが禁止される。これとは逆に，「環境を保全しない」活動を規制することもできる。例えば，食品原料として，遺伝子を組み替えていない材料については「遺伝子組み換えでない」という表示ができる。この表示によって，生態系や健康への悪影響に対する不安が完全には払拭されていない遺伝子組換え食品の利用を国が推奨しているわけではないことが消

費者に伝わる。

（3）生態系サービスとは

　生態系が生み出すさまざまな財やサービスを生態系サービスと言う。生態系サービスには，食料や原材料の供給，気候調節・水質浄化など 21 種類が含まれる（環境省，2012）。これらのサービスは，供給サービス，調整サービス，生息・生息地サービス，文化的サービスの四分野に分類されている（表 14–1）。

　供給サービスは形のある物質を供給する。食料や飲料水の供給のような伝統的に利用されてきている財に加えて，近年は遺伝子資源としての価値も注目されている。また，薬用資源については，伝統的に利用される薬草などに加えて，新薬の材料としての活用も行われている。

　調整サービスには，自然が人間に及ぼす影響を緩和する役割が分類されている。気候変動問題の影響による気候災害の深刻化に伴い，大気質調整や土壌進捗の抑制などの重要性が高まっている。

　生息・生息地サービスは，生物の生息環境を保全することにより生態系の保全を図る。

　文化的サービスは，自然景観の保全やレクリエーションの場としての役割に加えて，例えば日本人にとっての富士山など文化的な象徴なども含まれる。

　自然の生態系はこれら 4 分野，21 種類のサービスをすべて供給するものではない。生態系が人類に対してこれらのサービスをまったく供給していないこともありうるが，いくつかのサービスを供給しているのが普通である。例えば海は生息地サービスや食料供給サービスとして重要であるが，土壌侵食の抑制や淡水資源の供給サービスはもたない。

　生態系サービスが定義され，知られるようになったことで，従来漠然

表 14-1　生態系サービスの一覧

TEEB（生態系と生物多様性の経済学）における生態系サービスの分類

	主要サービスのタイプ
供給サービス	
1	食料（例：魚，肉，果物，きのこ）
2	水（例：飲用，灌漑用，冷却用）
3	原材料（例：繊維，木材，燃料，飼料，肥料，鉱物）
4	遺伝資源（例：農作物の品種改良，医薬品開発）
5	薬用資源（例：薬，化粧品，染料，実験動物）
6	観賞資源（例：工芸品，観賞植物，ペット動物，ファッション）
調整サービス	
7	大気質調整（例：ヒートアイランド緩和，微粒塵・化学物質などの捕捉）
8	気候調整（例：炭素固定，植生が降雨量に与える影響）
9	局所災害の緩和（例：暴風と洪水による被害の緩和）
10	水量調整（例：排水，灌漑，干ばつ防止）
11	水質浄化
12	土壌浸食の抑制
13	地力（土壌肥沃度）の維持（土壌形成を含む）
14	花粉媒介
15	生物学的コントロール（例：種子の散布，病害虫のコントロール）
生息・生育地サービス	
16	生息・生育環境の提供
17	遺伝的多様性の維持（特に遺伝子プールの保護）
文化的サービス	
18	自然景観の保全
19	レクリエーションや観光の場と機会
20	文化，芸術，デザインへのインスピレーション
21	神秘的体験
22	科学や教育に関する知識

出所：環境省（2012）

と理解されてきた「自然の大切さ」をその特性に着目する形で認識できるようになった。また，サービスごとの価値評価も行われるようになっている。

（4）生態系の価値評価

　生態系の意義・現状・価値がどのような状況にあるか，世界的に評価したものが，2005 年に公表されたミレニアム生態系評価である。その後，2019 年にこの後継となる報告書である「生物多様性と生態系サービスに関する地球規模評価報告書」が公表された（IPBES, 2019）。同報告書では，先史時代以降，自然生態系が 47% 減少した他，野生哺乳生物のバイオマス量の 82% が失われたことなどを明らかにしている（図 14–1）。この他にも，生物多様性が SDGs に与える影響などについても

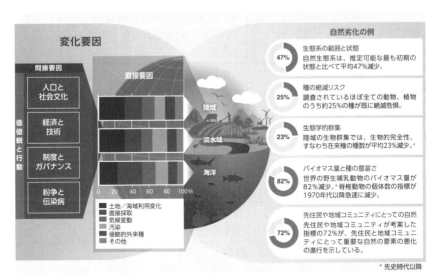

図 14–1　生態系の変化

出所：環境省，IPBES（2019）

詳細に報告している。

　これら生態系サービスを，金銭に換算して評価することも実践されている。価値ある自然（環境省，2012）には，魚の乱獲による水産資源の減少が漁業に年間 500 億 US ドル（約 7 兆円）の損失を与えていること，昆虫が受粉を行うことは人間の食料生産の 9.5% に貢献し，1,530 億ユーロ（約 21 兆円）の価値を生み出しているとしている。このような推計には，市場価格法や仮想市場評価法などが用いられる（表 14–2）。各方法の詳細については，環境経済学のテキストなどを参照されたい。

表 14–2　経済的価値評価法の例

アプローチ	手法名	内容	評価対象の例
市場評価	①市場価格法	市場取引価格を用いる	農作物など供給サービスの価値
	②取替原価法	自然の機能を人為的手段で代替した場合の費用を計算する	授粉や水質浄化の価値
	③回避費用法	自然の機能により回避される災害や環境悪化からの回復費用を計算する	洪水被害軽減や CO_2 固定の価値
顕示選好	④トラベルコスト法	対象地までの旅行費用を用いる	景勝地の観光価値
	⑤ヘドニック価格法	環境資源の存在が及ぼす地代の相違を評価する	良好な自然に隣接する不動産価値
表明選好	⑥仮想市場評価法	支払意思額の聞き取り調査を行なう	生物多様性の価値全般

出所：環境省（2012）

3.　生物多様性条約

（1）歴史

　生態系の保護については，生物多様性条約によって国際的な保護体制が構築されている。

　従来，生態系・生物種の保護については，絶滅のおそれのある野生動植物の種の国際取引に関する条約（ワシントン条約，1975 年）や特に水鳥の生息地として国際的に重要な湿地に関する条約（ラムサール条約，1975 年）があった。これらの既存の条約のもとで，生態系・生物種の保護が行われるなかで，生物の生息環境の悪化及び生態系の破壊が急速に進み，野生生物の種が過去にない速度で絶滅が進行している。そのため，生物の多様性を包括的に保全し，生物資源の持続可能な利用を行うための国際的な枠組みを設ける必要性が国連等において認識された。

　生物多様性条約は既存の国際的な枠組みを補完し，包括的な仕組みを構築することを目的として 1993 年に発効した。

　条約の目的は次の 3 つである。

1.　生物の多様性の保全
2.　生物多様性の構成要素の持続可能な利用
3.　遺伝資源の利用から生ずる利益の公正で衡平な配分

　生物多様性とは，「多種多様な生き物と，それらがつながってバランスが保たれている生態系，さらに生物が過去から未来へと伝える遺伝子の個性までを含めた生命の豊かさ」を意味する。生物多様性概念には，生態系の多様性，種の多様性，遺伝子の多様性の 3 つのレベルが含まれる。

　生物多様性条約のもとでは，遺伝子組換生物（LMO: Living Modified Organisms）による国境を越える移動について定めたカルタヘナ議定書

が 2000 年に採択されている。日本では，2003 年に議定書に参加した。
2004 年には同議定書にもとづき，「遺伝子組換え生物等の使用等の規制
による生物の多様性の確保に関する法律（通称，カルタヘナ法）」を施行
している。2010 年には，愛知県名古屋市で開催された生物多様性条約第
10 回締約国会議（COP10）において，生物多様性条約の 3 つめの目的
である「遺伝資源の利用から生ずる利益の公正かつ衡平な配分（ABS:
Access and Benefit-Sharing）」に関する名古屋議定書が採択された。

（2）愛知目標とポスト 2020 生物多様性枠組

生物多様性条約は，戦略計画 2011–2020 という目標を COP10 で採
択した。戦略計画 2011–2020 は，「自然と共生する世界」を実現するた
めに，「2050 年までに，生態系サービスを維持し，健全な地球を維持し
すべての人に必要な利益を提供しつつ，生物多様性が評価され，保全さ
れ，回復され，賢明に利用される」ことをミッションとしている。また，
戦略計画を実現するための個別具体的な目標が愛知目標である。2002
年の COP6（オランダ・ハーグ）で採択された「締約国は 2010 年まで
に，地球，地域，国レベルで，貧困緩和と地球上すべての生物の便益の
ために，生物多様性の現在の損失速度を顕著に減少させる」という「戦
略計画」（2010 年目標）を達成することができなかったため，COP10 で
は 2010 年以降の世界目標となる新戦略計画として，各国に積極的な行
動を促す「明確」で「わかりやすい」世界目標の策定がめざされた（環
境省，2023）。

戦略計画 2011–2020 は目標年が 2020 年であったため，それ以降の取
り組みとして，2022 年 12 月に，2030 年までの新たな世界目標「昆明・
モントリオール生物多様性枠組」が採択された。

同枠組みには 2050 年を目標年とするゴール A，B，C，D と，2030

年までに達成をめざす 23 のターゲットが含まれた。また，2030 年まで
のミッションとして「生物多様性を保全し，持続可能に利用し，遺伝資
源の利用から生ずる利益の公正かつ衡平な配分を確保しつつ，必要な実
施手段を提供することにより，生物多様性の損失を止め反転させ回復軌
道に乗せるための緊急な行動をとる」が合意された。

　2030 年までのターゲットの一つである「30by30 目標」は，昆明・モ
ントリオール生物多様性枠組の代表として取り上げられることが多い。
この目標は，2030 年までに陸域と海域の 30％以上を保全することであ
る。日本もこのターゲットを達成するために，30by30 ロードマップを
策定し，目標の達成をめざしている。この目標のもとで，2023 年以降，
具体的な計画が策定され実行される見込みである。

4.　生態系サービスの経済学的な意義

　生態系が生み出す財やサービスが生態系サービスと呼ばれることは先
に述べた。この生態系サービスは自然資本から生み出されるが，それら
はどのように活用されるのであろうか。

　自然資本の例として，森林を例に取ると，森林は木材，水源涵養，防
災，大気浄化，レクリエーションなど，さまざまな生態系サービスを生
み出す。これらのサービスは，森林を適切に管理することで生み出され
る。このように一つの管理プロセスから複数の生産物が生み出される特
徴を結合生産と言う。

　森林から生み出された財やサービスは，そのまま利用できるものも
あれば，利用にはさらにひと手間必要なものもある。例えば，水源涵養
サービスや大気浄化サービスは森林が森林であることによって発揮され
るサービスである。これに対して森林から木材を獲得するには，伐採や
加工といった手間が必要である。レクリエーションとして使用する場合

には，安全の確認が必要だ。

　木材が高く売れていた時代には，人々は木材生産を重視していたため，木材生産からの収益によって森林管理を行ってきた。そして，水源涵養や防災といった諸サービスは，対価を求めずに提供してきた。

　しかし，木材の価格は近年大幅に低下している。例えばヒノキの価格は 1980 年に 1 立方メートル当たり 42,497 円であったものが，2014 年には 7,054 円になった。木材価格がこれだけ低下すると，森林管理どころか木材の伐採・搬出費用すらまかなえない状態になった。こうなると，林業関係者は木材生産だけではなく，森林が生み出すさまざまな財・サービスを収益化することで森林管理を継続することを考えるようになる。従来，木材生産の外部性として供給されてきたさまざまな生態系サービスの収益をあわせることで，森林を維持するように変わった。

　もちろん，木材生産以外の生態系サービスを収益化するためには人件費などのコストがかかる。さらにどのサービスをどのように収益化するかというアイデアを生み出す必要がある。そして，収益化モデルを構築したあとは，それを販売するための努力も必要である。

　一方で，自然資本が豊かな地域は，少子高齢化が進みこれらの業務を担う現役世代が少ない。必然的に，現在いる林業関係者で商品開発・生産・営業を担うのだが，林業に従事しようとする人材が商品開発や営業といった業務に向いているとは限らない。林業での経験が豊富になればなるほど，人材のミスマッチは大きくなるだろう。

　生態系サービスを個々に収益化すれば収入が増えるとわかっているにも関わらず，実際に取り組んでいる地域が少ないことは，この人材不足が大きな原因と考えられる。地方の人口減少が深刻な問題となるなかで，森林の生産物を適切に収益化するための人材をどのように確保するのか，各地域で模索されている。

本章の参考文献

環境省，IPBES（2019）．「生物多様性と生態系サービスに関する地球規模評価報告書：政策決定者向け要約」p.27.

ロデリック・F. ナッシュ（1999）『自然の権利-環境論理の文明史』松野弘訳，筑摩書房

国際連合広報局（2016）「我々の世界を変革する：持続可能な開発のための 2030 アジェンダ」（外務省仮訳）https://www.unic.or.jp/activities/economic_social_development/sustainable_development/2030agenda/

環境省（2012）「価値ある自然」

環境省（2023）「愛知目標｜生物多様性 Biodiversity」
https://www.biodic.go.jp/biodiversity/about/aichi_targets/index.html

真板昭夫（2013）『草魚バスターズ』飛鳥新社

鷲谷いづみ（1996）「生物多様性と生態系の機能・安定性」『保全生態学研究 vol.1』pp.1–13

鹿児島地方裁判所（2001）「鹿児島地方裁判所 平成 7 年 (行ウ) 第 1 号 行政処分無効確認及び取消請求事件」

学習課題

1.　生物多様性とは何か，事例をあげて説明せよ。
2.　水田がもたらす生態系サービスを考えよ。
3.　生物多様性が重要な理由を述べよ。

15 | 気候変動

《**目標＆ポイント**》 気候変動は国際社会でも注目の大きい問題である。本章では，気候変動問題について科学的な知見の共有状況と政策動向を中心に解説した。気候変動問題を含めた環境問題においては，科学的な不確実性が存在する。それでも対策を進めなければ手遅れになってしまう可能性があるため，国際社会は不確実な状況のなかで政策決定を行う。このような意思決定方法についても解説した。

　気候変動については状況が大きく変化しているため，最新情報を盛り込むのではなく，基本的な考え方を理解することで，新しい情報に出会った際に自ら評価し判断できるようになることをめざす。

《**キーワード**》 気候変動，緩和策，適応策，ネットゼロ

1. SDGs の目標

　SDGs においては，気候変動問題は次のように，一つの目標が割り当てられている。

　　目標 13：気候変動及びその影響を軽減するための緊急対策を講じる

　SDGs の目標では気候変動対策が「緊急」とされている。国連は気候変動枠組条約のもと，気候変動対策を進めている。SDGs にこの目標が入っているということは，条約が不十分であるという意味ではない。むしろ，条約の重要性を認識し，強調しているものと考えてよい。

2.　気候変動の原因と現状

　気候変動問題は，人為的な温室効果ガスの排出により，地球の気候システムが影響を受けるという問題である。温室効果ガスとは，一般に二酸化炭素，メタン，フロン類，代替フロン類である。このうち，フロン類については，オゾン層の破壊を防ぐモントリオール議定書において製造・使用が禁止されているため，気候変動防止枠組み条約では削減の対象となっていない。

　さて，温室効果ガスの排出が気候変動問題を引き起こすのかについては，議論があった。問題が科学的に不確実でかつ社会的な評価が曖昧な状態では，国際社会において対策を議論することは困難である。そこで，国連環境計画（UNEP）と世界気象機関（WMO）は国連気候変動に関する政府間パネル（IPCC: Intergovernmental Panel on Climate Change）を設立した。1988 年である。IPCC は「人為起源による気候変化，影響，適応及び緩和方策に関し，科学的，技術的，社会経済学的な見地から包括的な評価を行う」ことを目的としている。科学的に不確実かもしれないが，国際社会は IPCC の結論を当面の科学的根拠として受け入れるという意味である。

　IPCC が 2013 年に発表した第 5 次評価報告書では気候変動の状況について次のように解説している。まず，「気候システムの温暖化には疑う余地がなく，また 1950 年代以降，観測された変化の多くは数十年から数千年間にわたり前例のないものである」と，近年地球が温暖化していることを認めた。そして，「1951〜2010 年の世界平均地上気温において観測された上昇の半分以上は，温室効果ガス濃度の人為的増加とその他の人為起源強制力の組合せによって引き起こされた可能性が極めて高い」と指摘した（IPCC, 2014, p.5）。

　これはつまり，気候変動問題が「人為的な活動」が原因で「すでに影響が現れている」状態にあることを意味する。

　気候変動がどのような影響を引き起こしているのか，2022年にIPCCが発表した第6次評価報告書から紹介しておく（IPCC, 2022）。

- A.1.2. 最近40年間のうちどの10年間も，それに先立つ1850年以降のどの10年間よりも高温であった。21世紀最初の20年間（2001～2020年）における世界平均気温は，1850～1900年の気温よりも0.99度高かった
- A.1.3. 1850～1900年から2010～2019年までの人為的な世界平均気温上昇は1.07度である
- A.2.1. 2019年には，大気中のCO_2濃度は，少なくとも過去200万年間のどの時点よりも高い
- A.3.4. 世界の強い熱帯低気圧の発生の割合は過去40年間で増加している可能性が高い
- A.3.5. 人間の影響は，1950年以降，複合的な極端現象の発生確率を高めている可能性が高い。これには，世界規模での熱波と干ばつの同時発生などが含まれる

　以上のように，気候変動問題は人為的な温室効果ガスの排出が原因であることと，影響がすでに現れている可能性が非常に高いことが改めて指摘されている。

　今後は，「B.1. 世界平均気温は，本報告書で考慮したすべての排出シナリオにおいて，少なくとも今世紀半ばまでは上昇を続ける。向こう数十年の間にCO_2及びその他の温室効果ガスの排出が大幅に減少しない限り，21世紀中に，1.5℃及び2℃の地球温暖化を超える」と予測される。

（1）排出状況

　図は IPCC で使用されている世界気温の上昇を人為起源と自然起源
に分けて観察したものである。自然起源の要因による平均気温の変化は
ほとんど観察されず，近年の温度上昇は人為起源による上昇である。

　また，気温上昇が 1900 年代の後半から急に始まっていることも示し
ており，近年の温暖化（温度上昇）は 2000 年以上前例のないものであ
るとされている。図には過去 10 万年以上の期間で温暖だった時期の温
度も示されているが，2000 年以降の気温上昇はその範囲も超えている。

1850〜1900年を基準とした世界平均気温の変化

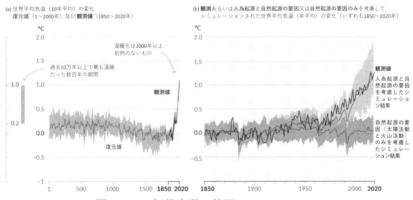

図 15-1　気候変動の状況
出所：IPCC，気象庁（2022）[1]

---

1)　This translation of Summary for Policymakers of the Intergovernmental
Panel on Climate Change (IPCC) Sixth Assessment Report (AR6) is not an
IPCC translation. It has been provided by Japan Meteorological Agency with
the aim of reflecting in the most accurate way the language used in the original
text.

　この IPCC 第 6 次評価報告書政策決定者向け要約の翻訳は，IPCC による翻訳で
はありません。原文で使用されている言語を最も正確に反映する目的で，日本の気
象庁によって提供されているものです。

（2）気候変化の人間活動への影響

　気候変動問題による気候変化は，（1）気候外力（2）感受性（3）適応能力の3つの脆弱性により人間活動に影響を及ぼす。（地域適応研究会他，2013, p.37）

- 気候外力：大気中の温室効果ガスの濃度が増加することにより平均気温が上昇したり，干ばつや豪雨が深刻化したりするなど，気候に影響が現れること
- 感受性：気候外力の増加により，地域の環境が影響を受ける度合い
- 適応能力：地域の環境が影響を受けた場合に，どの程度の影響が地域に及ぶか

　感受性は問題の種類や地域によって異なる。温暖化の影響の一つに高潮があるが，沿岸部は高潮の影響を受けやすいのに対して，内陸部はあまり影響を受けない

　適応能力は，社会の対応状況と言うこともできる。問題に対してどれだけ備えているのかという準備状況を意味する。例えば，気候変動の影響で高潮の影響が深刻化すると言われている。そして実際に高潮の発生が予測されている場合，事前に避難計画が策定されており住民がそれを確実に実行すれば，人的被害は出ないだろう。しかし，高齢化や都市化に伴う自治会組織率の低下などでコミュニティ機能が低下している地域では，避難計画を実行することができず，人的被害が発生するかもしれない。

　気候変動問題は上記の3つの脆弱性により人間活動に影響を及ぼす。一方で，その対策も大きく分けて2つの方法がある。一つが，気候変動を引き起こさないように，原因となる温室効果ガスの大気中濃度を減らすという緩和策である。もう一つが，気候変動が起きることを前提とし

て，もたらされる被害を軽減するための適応策である。

　緩和策と適応策は，次のように分類できる。緩和策は，人間を気候変動の加害者と捉える。つまり，緩和策における対策は気候システムに対する加害行為を抑制あるいは廃止する方法になる。適応策の方は，人間を被害者と捉えて，被害の軽減方法を考える。被害が発生しないことや被害が起きても最低限の被害に留めることが対策となる。

3.　科学的な予測

（1）IPCC

　学術的な論争はともかく，マスコミなどでとりあげられる「温暖化は嘘である」といった論調の議論は少なくとも対策の現場では根拠がなく無意味な議論である。また，学術的な論争が決着を見ないからといって気候変動問題対策を行わないことは，そもそも IPCC の設立趣意に反することであり，国際社会の議論の趨勢（すうせい）を無視した議論でもある。

　「例え科学的な証明が完全になされていなくても，予想される影響が深刻な場合には，科学的な証明がなされていないことを対策を行わない理由としてはならない」という考え方を予防原則という。予防原則は，1992 年リオデジャネイロで開催された地球サミットで合意されたリオデジャネイロ宣言の第 15 条では「環境を保護するため，予防的方策（Precautionary Approach）は，各国により，その能力に応じて広く適用されなければならない。深刻な，あるいは不可逆的な被害のおそれがある場合には，完全な科学的確実性の欠如が，環境悪化を防止するための費用対効果の大きい対策を延期する理由として使われてはならない」としている。予防原則自体は気候変動問題においては導入されていないが，IPCC の設立の経緯を考えると，気候変動問題の議論そのものの出発点として予防原則を想定していると考えられる。

　従来，温暖化対策は，温暖化防止策として，「防止」という用語を使うことが一般的であったが，近年は防止ではなく緩和と呼ぶようになっている。例えば，1990年に日本では地球温暖化防止行動計画が策定されているが，1998年に制定された法律では地球温暖化対策推進法であり「防止」という用語は使用されていない。これは，すでに排出された温室効果ガスが大気中に100年程度とどまることと，近年の気象災害の一部が気候変動の兆候と認識されたことから，気候変動の防止は不可能であるという認識が広がったことによるものであろう。

（2）気候変動における不確実性下の意思決定

　未来を100％予測することはできない。しかし，一部の事象では，ものごとが起きる確率と結果がわかっている場合がある。

　このような場合はリスクと呼ばれ，第6章4で説明したように，次のような期待値を考えることできる。

$$期待値 ＝ 事象Ａの発生確率 × 事象Ａの結果$$
$$＋ 事象Ｂの発生確率 × 事象Ｂの結果$$

　しかし，気候変動問題では，「気候変動が起きる」可能性がわかっていない。近年の研究でほぼ間違いなく起こるだろうとは言われているが，100％ではない。またその影響は大きな幅がある。現在検討されている気候変動対策に必要な費用は既知である。さらに，今後開発が期待される技術の場合は，費用もまだ不確定である。気候変動問題のように，対象となる事象のメカニズムまたはその発生確率がわかっていないあるいはその両方がわかっていない事象を不確実性ということは，第6章4で説明した。

　気候変動の場合は，後悔しない政策をとる余地があることと，気候変

動が本当に起こった場合の被害額が大きいことが特徴的である。そのため，気候変動対策については，第 6 章 4（3）でも説明した予防原則的なアプローチが本来望ましいと考えられる。

4.　国際社会の対応

（1）京都議定書

　1974 年，国連総会において，気候変動に関する研究の推進が世界気象機関に要請された。1988 年には，気候変動問題に関する科学的知見を集約するための組織である，気候変動に関する政府間パネル（IPCC）が国連環境計画と世界気象機関によって設立された。

　世界気象機関が 1990 年に開催した第 2 回世界気候会議では，IPCCによる第一次報告書が受け入れられ，同年 12 月に国連内に「気候変動枠組条約交渉会議」が設けられた。

　1992 年には気候変動防止枠組条約が成立し，先進国が 2000 年までに温室効果ガスの排出を 1990 年レベルに安定化させることに合意した。同条約では，気候変動問題の加害者は人類全体であるが，負うべき責任は先進国と途上国では違うという考えのもとで，先進国のみに削減の目標が設定された。この考え方を共通だが差異ある責任と言う。この原則が合意されたことで，先進国と途上国の間で共通の議論の基盤を構築することができ，その後の交渉への道が開けた。ただし，同条約は先進国の削減目標が定めただけで，目標を達成する義務や相互にチェックする仕組みはなかった。そこで，国際法上の拘束力を持つ取り決めを行うことを目的として，交渉が続けられた。

　1992 年以降の交渉の結果，1997 年に京都で行われた第三回締約国会議（COP3）で京都議定書が合意された。京都議定書は 2008 年から2012 年の間（第一約束期間）に先進国で平均して 5%温室効果ガスを

削減することを目標として、各国に法的な拘束力がある義務を課していた。京都議定書は、2001年にブッシュ大統領が離脱を表明して発効が危ぶまれたが、ロシアなどの批准により、2005年に発効した。

京都議定書で定められた削減量算定の期間を第一約束期間と呼ぶ。この第一約束期間における日本の削減目標は6%であった。第一約束期間5カ年の平均排出量は12億7,900万トンであり、基準年の総排出量と比べると1.4%の増加であった。特に二酸化炭素の排出量は、5.4%増加した。一方で、森林による吸収が3.8%と海外の削減を国内の削減とみなす京都メカニズムによる削減が5.9%あった。この結果、全体では8.2%の削減となり、目標を大きく上回って達成した。

京都議定書は2013年以降も新たな目標やルールに合意して継続することが想定されていた。しかし、米国や途上国が参加する枠組みが必要とされていたため、国際社会は新たな枠組みづくりに取り組んだ。

(2) パリ協定

各国が自主的な取り組みを進めるなかで、国際社会は新たな目標づくりのための交渉を続けた。2015年にいわゆるパリ協定が合意され、2016年11月4日に発効した。ただし、発効時点でパリ協定は詳細なルールが決定されておらず、発効後に運用ルールを含めた詳細に関する交渉が進められた。なお、日本がパリ協定を批准したのは、発効の数日後である2016年11月8日である。パリ協定の詳細ルール（パリルールブック）が最終的に決定したのは、2021年10月である。合意された会議は、イギリスで開催された第26回締約国会合（COP26）である。

パリ協定の主な内容は表15-1にまとめた。

パリ協定の目標は、世界の平均気温の上昇を産業革命時期と比べて2度未満に抑えることである。パリ協定の2度目標を達成するために、「今

表 15-1　パリ協定の主な内容

2 度未満	世界的な平均気温上昇を工業化以前に比べて 2 度より十分低く保つとともに，1.5 度に抑える努力を追求する
早期のピークアウト	世界全体の温室効果ガスの排出量ができる限り速やかにピークに達する
長期目標	今世紀後半に，世界全体の温室効果ガス排出量を，生態系が吸収できる範囲に収める
すべての国が目標を持つ	5 年ごとに各国は自主的に目標を設定・更新して提出する
市場メカニズムの活用	二国間クレジット制度を含む市場メカニズムの活用
損失と被害への救済	気候変動の影響で「損失と被害」が発生した国々への救済を行う国際的仕組みを整える
途上国支援	適応のために公的でかつ贈与に基づく資金が必要。適応と緩和との間の均衡を達成する
評価体制	5 年ごとに世界全体の進捗状況を評価する

出所：筆者作成

世紀後半に温室効果ガスの人為的な排出と吸収のバランスを達成するよう，世界の排出ピークをできるだけ早期に迎え，最新の科学に従って急激に削減する。」（2 条）としている。

　京都議定書とパリ協定の大きな違いは，京都議定書では各国が義務的な削減目標を持っていたのに対して，パリ協定では削減に向けた努力をする義務を持っているという点である。

5.　ネットゼロ政策

　パリ協定では，21 世紀後半のできるだけ早い段階で温室効果ガスの排出量を生態系が吸収できる範囲に収めることを目標としている。この

排出量が吸収量以下になることを「ネットゼロ」と言う。あくまでも排出をゼロになるわけではなく，排出が吸収以下になり，合計でゼロ以下になる。

　先進諸国は 2030 年をめどに，自国の排出量についてネットゼロを目標として宣言している。パリ協定のネットゼロ目標は世界全体の排出量のことであり，国別のことではない。しかし，実際には各国は自国の排出量をネットゼロにすることをめざしている。それゆえ，世界全体でネットゼロを実現するためにはパリ協定に参加する国を増やす努力も必要である。

　ネットゼロを実現するためには，温室効果ガスの排出を削減する一方で，削減しきれない温室効果ガスを吸収する必要もある。そのため，吸収源の拡充は不可欠である。現在吸収源と考えられているのは，森林のような自然環境と，大気中から二酸化炭素を取り出して固定化する技術の 2 種類を意味する。後者も近年技術開発と低コスト化が進み，実用できるようになってきたようである。

　日本はさらに，2021 年に地球温暖化対策推進法を改正し，2050 年までにカーボンニュートラルを実現することを明記した。

6.　日本の政策

　日本では，気候変動問題対策は 1990 年に地球温暖化防止行動計画が策定されたあと，1998 年に地球温暖化対策推進法が制定された。2005 年には京都議定書目標達成計画が策定され，対策が進められた結果，最終的に京都議定書の目標が達成された。

　第一約束期間後の長期目標は，民主党の鳩山首相が 2009 年に，「2020 年までに 1990 年比で温室効果ガスの排出量を 25% 削減する」ことを表明した。その後，2015 年に，「2030 年度に 2013 年度比 −26.0%（2005

年度比 −25.4%）の水準（約 10 億 4,200 万 t-CO$_2$）」と変更され，目標を
国連に提出している。なお，この水準は，1990 年の排出量（12 億 6,990
万 t-CO$_2$）に対する削減量に換算すると約 18%の削減である。なお，
2020 年の排出量は，11 億 4,810 万 t-CO$_2$ であり，1990 年から 9.6%減
少した。

　産業界でも政府の目標に対応して自主的な目標を設定している。経済
団体連合会では，1997 年から環境自主行動計画を推進して，2008 年か
ら 2012 年の間の排出量を 1990 年から 12.1%削減した。2012 年以降も，
低炭素社会自主行動計画を策定して，自主的な削減に取り組んでいる。
（日本経済団体連合会，2019）

　2018 年，政府は気候変動適応法を施行した。同法は，国，地方公共団
体，事業者，国民が連携・協力して適応策を推進するための法的仕組み
である。そこではまず国が，農業や防災等の各分野の適応を推進する気
候変動適応計画を策定する。また，同計画を定期的に改定するために，
気候変動影響評価をおおむね 5 年ごとに実施する。都道府県及び市町村
は，地域気候変動適応計画策定の努力義務を課した。

　地球温暖化対策推進法が緩和策を推進し，気候変動適応法が適応策を
推進することで，気候変動対策を包括的に進めることができるように
なった。

（1）気候変動対策：緩和策

　家庭の二酸化炭素排出量の半分程度（48.7%）が電気からの排出であ
る。もちろん，この数字は全世帯の平均であるから，オール電化の家庭
では都市ガスや LPG などからの排出はない。図 15–2 は家庭における
二酸化炭素排出量の内訳を用途別に示したものである。用途別の二酸化
炭素排出量をみると，照明や家電製品からの排出が 32.4%と一番多いこ

図 15-2　家庭からの二酸化炭素排出量の内訳（用途別）
出所：全国地球温暖化防止活動推進センター（JCCCA）（2023）

と，冷房が 2.6% と多くないことなどがわかる。個人にできる緩和策と
しては，この図を参考に，電気と化石燃料の使用を減らすことが一番で
ある。

個人のライフスタイルを変える以外にも二酸化炭素を減らす方法はあ
る。それが，原単位の改善である。一般に日本の電気は 8 割程度が火力
発電によって供給されている。そして，日本で電気を 1kWh 使用する
と，約 467 グラムの二酸化炭素を排出する[1]。なお，これを電気の二酸
化炭素排出原単位と言う。

そのため，家庭の電気を化石燃料由来のものから，自然エネルギー由
来のものに変えると，CO_2 排出量はゼロに近づく。ただし，個人が電力
会社が供給する電力について，その発電源を選択することはできない。

---

1) 沖縄電力以外の主要電力会社 9 社の基礎排出係数の平均値。（環境省，2022）

個人にできることは，電力会社から購入する電気の量を減らすか，二酸化炭素の排出が少ない電力会社に変更することである。前者は節電努力の他，自宅の屋根に設置した太陽光発電施設への依存量を増やすことが考えられる。

後者は，近年，一般家庭も購入できるようになった，自然エネルギーによって発電した電気を供給する会社と契約することである。先述したように，大手電力会社の電力は 1kWh 使用するごとに，約 467 グラムの二酸化炭素を排出する。これを二酸化炭素排出量がゼロの電力会社に変更すれば，電力をいくら使用しても合計の二酸化炭素の排出もゼロである。

また，家庭で使用する灯油や自家用車のガソリンについては，燃料を生物由来のものに変更する機器に変更したり，電気自動車に変更することで，使用に伴う二酸化炭素排出量を減らすことができる。このような生物由来の燃料はカーボンニュートラルと呼ばれる。

（2）気候変動対策：適応策

気候変動が起きることを前提として，被害を軽減するための取り組みが適応策である。

> パリ協定 7 条 1 項締約国は，第 2 条に定める気温に関する目標の文脈において，持続可能な開発に貢献し，及び適応に関する適当な対応を確保するため，この協定により，気候変動への適応に関する能力の向上並びに気候変動に対する強靱性の強化及びぜい弱性の減少という適応に関する世界全体の目標を定める（パリ協定 7 条 1 項）

適応策は，「地域の自然システムや社会システムにおいて感受性を改善

し，適応能力を向上させる取り組み」である（地域適応研究会他，2013，p.37）。

2021 年，日本政府は気候変動適応計画をとりまとめ，次の 7 つの基本戦略を策定した。

1. あらゆる関連施策に気候変動適応を組み込む
2. 科学的知見に基づく気候変動適応を推進する
3. 我が国の研究機関の英知を集約し，情報基盤を整備する
4. 地域の実情に応じた気候変動適応を推進する
5. 国民の理解を深め，事業活動に応じた気候変動適応を促進する
6. 開発途上国の適応能力の向上に貢献する
7. 関係行政機関の緊密な連携協力体制を確保する

同計画のもとで，農林水産業，自然災害，健康などの各分野で具体的な計画が設定された。

例えば，農林水産業の米については，高温の影響で米の品質低下が懸念されており，高温耐性品種の開発・普及などが計画されている。自然災害においては降雨災害の激化に対して，(1) 気候変動の影響を踏まえた治水計画の見直し (2) あらゆる関係者との協働によるハード・ソフト一体の対策である「流域治水」の推進が計画されている。

適応策は 2022 年現在，国内で始まったばかりであり，今後具体的な施策が策定・実施されることが期待される。また，気候外力は今後も高まっていくことが予想されるため，適応策は今後ますます重要性を増していく。

本章の参考文献

IPCC（2014）「気候変動に関する政府間パネル（IPCC）第 5 次評価報告書（AR5）」文部科学省・経済産業省・気象庁・環境省訳, https://www.env.go.jp/earth/ipcc/5th/pdf/ar5_syr_spmj.pdf

IPCC（2022）「気候変動に関する政府間パネル（IPCC）第 6 次評価報告書（AR6）」気象庁訳, https://www.data.jma.go.jp/cpdinfo/ipcc/ar6/IPCC_AR6_WGI_SPM_JP.pdf

国際連合広報局（2016）「我々の世界を変革する：持続可能な開発のための 2030 アジェンダ」（外務省仮訳）https://www.unic.or.jp/activities/economic_social_development/sustainable_development/2030agenda/

全国地球温暖化防止活動推進センター（JCCCA）（2023）「JCCCA 全国地球温暖化防止活動推進センター」https://www.jccca.org/

地域適応研究会（2013）『気候変動に適応する社会』田中充編, 白井信雄編, 技報堂出版

日本経済団体連合会（2019）「2030 年に向けた経団連低炭素社会実行計画（フェーズ II）（2019 年改訂）」

環境省（2022）「令和 2 年度の電気事業者ごとの基礎排出係数・調整後排出係数等（一部追加・更新）の公表について」https://www.env.go.jp/press/press_00216.html

学習課題

1. 気候変動問題において IPCC（気候変動に関する政府間パネル）の知見がなぜ重要となるのか説明せよ。
2. 購入して数年経った家電製品を買い替える際, 買い替えたほうが得になる理由と条件を述べよ。
3. 気候変動問題における緩和策と適応策の違いについて述べよ。
4. 気候変動問題におけるパリ協定が京都議定書から変化した点を述べよ。

索引

●配列はアルファベット順, 五十音順.

著者紹介

坂田　裕輔 (さかた・ゆうすけ)

1971 年	大阪に生まれる
1991 年	福井県立武生高等学校卒業
1994 年	大阪大学法学部卒業
1999 年	大阪大学大学院国際公共政策研究科博士後期課程修了
現在	近畿大学産業理工学部教授，博士（国際公共政策）
専攻	環境経済学，地域経済学
研究テーマ	1) フェアトレードを中心とした持続可能な社会・経済に対する消費者意識の研究
	2) 多様な生態系サービスを供給する主体における生産システムの研究
主な著書	『改訂版　ごみの環境経済学』晃洋書房
	『ごみ問題と循環型社会』晃洋書房
	『GNH もう一つの＜豊かさ＞へ、10 人の提案』（分担執筆　大月書店）
	『都市と農山村から見る身近な経済』（分担執筆　放送大学教育振興会）
	『フェアトレードは甘くない』（共著　Kindle Direct Publishing）

The content of this publication has not been approved by the United Nations and does not reflect the views of the United Nations or its officials or Member States.

放送大学教材　1539485-1-2411（ラジオ）

環境と持続可能な経済発展

発　行　　　2024 年 3 月 20 日　第 1 刷
著　者　　　坂田裕輔
発行所　　　一般財団法人　放送大学教育振興会
　　　　　　〒105-0001　東京都港区虎ノ門 1-14-1　郵政福祉琴平ビル
　　　　　　電話　03（3502）2750

Printed in Japan　ISBN978-4-595-32474-1　C1333